融合·创效

中国电力工程顾问集团有限公司基层党组织优秀案例集

中国电力工程顾问集团有限公司 主编

中国出版集团有限公司
研究出版社

图书在版编目（CIP）数据

融合·创效：中国电力工程顾问集团有限公司基层党组织优秀案例集 / 中国电力工程顾问集团有限公司主编. -- 北京：研究出版社，2025.5. -- ISBN 978-7-5199-1815-6

Ⅰ. D267.1

中国国家版本馆CIP数据核字第2025WU6032号

出 品 人：陈建军
出版统筹：丁　波
责任编辑：寇颖丹

融合·创效
RONGHE CHUANGXIAO
中国电力工程顾问集团有限公司基层党组织优秀案例集
中国电力工程顾问集团有限公司　主编
研究出版社 出版发行
（100006　北京市东城区灯市口大街100号华腾商务楼）
北京中科印刷有限公司印刷　新华书店经销
2025年5月第1版　2025年5月第1次印刷
开本：710毫米 × 1000毫米　1/16　印张：12.75
字数：190千字
ISBN 978-7-5199-1815-6　定价：68.00元
电话（010）64217619　64217652（发行部）

编委会

前言

◀ PREFACE ▶

国有企业党建工作要坚持服务生产经营不偏离，把提高企业效益、增强企业竞争实力、实现国有资产保值增值作为国有企业党组织工作的出发点和落脚点。近年来，中国电力工程顾问集团有限公司（以下简称“中电工程”）党委持续推动党建工作与生产经营融合创效，充分发挥基层党组织战斗堡垒作用和党员先锋模范作用，全面激活广大党员干部职工干事创业活力，切实把党的政治优势、组织优势转化为企业的竞争优势、创新优势和发展优势。

中电工程500余个党组织紧紧围绕“建设世界一流企业”的战略目标，秉承“融入中心，进入管理，推动发展，促进和谐”的理念，坚持价值创造导向，着力实践党建与企业改革发展大局、生产经营重点任务深度融合的载体举措，创新打造了“五全党建”“六维双循环党建”“五星党委”“1+4+X 大党建”“丝路党建”“红背包党建”“‘圆周率’工作法”“‘一元三次方程’工作法”等一批党建融合创效工作成果，具有一定的代表性、实效性和创新性。编辑出版《融合·创效——中国电力工程顾问集团有限公司基层党组织优秀案例集》，旨在以点带面、示范引领，为国有企业党组织提供好做法、好经验，实现互学互鉴、共同提升，切实以高质量党建引领保障企业高质量发展。

本书可作为基层党务工作者开展党支部融合创效工作的参考资料，也可以作为基层党员深入了解支部工作、服务发展大局、创先争优的认识读本。本书精心挑选28个示范案例，衷心希望能以中电工程各级党组织的党建实践，为国有企业进一步探索党建工作与生产经营融合提供参考。

新时代国有企业党建工作与生产经营融合创效是一项永恒课题。案例的总结往往难以完全同步创新的步伐，加之时间急、编者水平亦有限，本书内容难免存在未尽完善或有待商榷之处，恳请同行专家及广大读者批评指正。

本书编委会

目录

CONTENTS

推行“五全党建”模式　深化“一流党建”创建

中电工程党委

摘　要

中国电力工程顾问集团有限公司（以下简称“中电工程”）党委坚持以习近平新时代中国特色社会主义思想为指导，全面贯彻落实党的二十大和二十届三中全会精神，围绕创建“一流党建”目标，坚持高政治站位、高位阶谋划、强责任担当，探索“全方位”强化理论武装，“全过程”融入公司治理，“全覆盖”健全基层组织，“全领域”创建融合载体，“全要素”推动责任落实的“五全党建”模式，着力推动党的领导、党的建设优势转化为企业高质量发展的竞争优势、创新优势、发展优势。

近年来，中电工程党委深入学习贯彻习近平新时代中国特色社会主义思想，坚守政治与经济“两个初衷”，聚焦主责主业，找准党建工作与中心工作的结合点和突破口，以“五全党建”模式为着力点，组织各级党组织深化党建与业务深度融合，从理论要求到具体实践、从点位突破到整体推进相贯通，有力推动了管党治党和治企兴企责任的融合落实，以高质量党建引领和保障企业高质量发展。

一、“全方位”强化理论武装，做到“两个维护”更加坚定

中电工程党委持续深化党的创新理论武装，坚持把习近平新时代中国特色社会主义思想，习近平总书记重要指示批示作为各级党委会决策部署工作的首要遵循，指引航向、凝聚力量，更加自觉地做到“两个维护”。

高标准推动习近平新时代中国特色社会主义思想学习普及落实。始终把学习贯彻习近平新时代中国特色社会主义思想作为一项重要政治任务，认真学习领会习近平新时代中国特色社会主义思想的重大意义、丰富内涵、精神实质、核心要义和实践要求，在所属500余个基层党组织、上万名党员中扎实开展“不忘初心、牢记使命”主题教育、党史学习教育、学习贯彻习近平新时代中国特色社会主义思想主题教育和党纪学习教育。在主题教育和党纪学习教育中，紧紧围绕“两强两创三基”，累计举办读书班205天、讲授专题党课910场次，开展“三会一课”4200余次，推动党员干部在深学细悟笃行中汲取奋进力量。

学习贯彻习近平新时代中国特色社会主义思想主题教育推进会暨“七一”表彰会

高质量学习贯彻习近平总书记重要指示批示和上级党组织决策部署。将习近平总书记关于全面加强党的纪律建设的重要论述、党史、党的二十大精神和二十届三中全会精神、全国国企党建会重要讲话精神等融会贯通学习，全面梳理汇总习近平总书记对本企业、本行业、本领域的重要讲话和重要指示批示精神共80余万字，组织全体党员深学细悟、狠抓落实。持续完善“第一议题”制度，强化学习任务分解和督办，推动党中央重大决策部署入脑入心、落地见效。党委理论学习中心组学习注重内容深度和企业实际，切实将学习成果转化为企业改革发展党建工作的思路举措。

二、“全过程”融入公司治理，党的领导更加强化

中电工程党委全面落实两个“一以贯之”，强化党委“把方向、管大局、保落实”，董事会“定战略、作决策、防风险”，经理层“谋经营、抓落实、强管理”作用，确保各治理主体不缺位、不越位。

胜利召开公司第二次党代会

完善党的领导与其他治理主体融合机制。贯彻落实相关文件要求，有序推进党建要求进章程，明确党组织设置及法定权责，做到“应进必进”。坚持和完善“双向进入、交叉任职”领导体制，全面推行党委书记、董事长“一肩挑”。正确把握党组织与其他治理主体的关系，解决协调运转、有效制衡问题，建立党委对重大经营管理事项前置把关的制度机制，建立完善党委落实全面从严治党主体责任、“三重一大”决策、党委前置研究讨论事项“三个清单”，党委前置研究“三重一大”事项做到100%。

完善党管干部与市场化选人用人融合机制。坚持党管干部原则，发挥市场机制作用，积极探索“揭榜挂帅”“人才引进”机制，推进经理层任期制和契约化管理，大力选拔基层经验丰富、实干实绩突出的优秀年轻干部，干部队伍结构明显优化、素质明显提升。加大培养锻炼力度，多方位开展专业化培训和轮岗交流，让党员干部到市场开拓、推进改革、专项攻坚等一线摔打磨炼，加快成长为善于治企兴企、管党治党的复合型干部。坚持严管和厚爱相结合、激励和约束并重，激励干部担当作为，培养造就一支政治上、能力上、作风上、纪律上都过硬的干部队伍。

完善党建工作与行政工作融合机制。落实“四同步、四对接”要求，将党建工作与企业改革发展工作一体谋划、一体推进、一体考核。在长远目标上同步谋划部署，公司第一次党代会上提出“一年补短板、三年上台阶、五年创品牌”的“一流党建”目标，“十四五”战略规划中明确加强党的全面领导、党的建设。在年度目标上同步考虑安排，每年发布党的领导和党的建设工作要点，做到“规定动作”不走样，“自选动作”有特色。在责任目标上构建定责、考核、评议、问责“四位一体”工作机制，完善党建工作和经营业绩考核相融互促体系，“双向评价，一票否决”。

三、“全覆盖”健全基层组织，战斗堡垒更加坚强

中电工程党委坚持回归党建原点，抓基层、强基础、补短板、锻长

板，全面推进党建提质增效“七抓”工程，全面打造基层坚强战斗堡垒，为高质量发展提供坚强的组织保证。企业重组以来，1家企业被评为“全国先进基层党组织”，6个基层党组织获评中央企业及省部级先进集体。

健全基本组织。坚持业务发展到哪里、党组织就建到哪里、党组织工作就开展到哪里，推进探索符合条件的部门、项目和境外机构应建必建，部门联合建、相关方联动建，党组织覆盖率达到100%。目前全系统共28家党委、500余个党支部，实现应设必设，应换必换。针对混改企业股东结构多元、经营理念各异的特点，理顺党组织隶属关系，明确党组织的设置方式、职责定位和管理模式，走出国有相对控股混改企业党建新路径。同时规范“三会一课”、主题党日、党组织生活会等组织生活，坚持重温入党誓词、过“政治生日”等政治仪式，基层党建标准化水平持续提升，培育创建一批“五强两到位”“四新”能建示范党支部、“五型三高”星级党支部。

党支部主题党日活动

健全基本队伍。重视“头雁工程”，坚持将政治意识强、业务水平高的党员干部选拔到基层党支部书记岗位，每年举办党建部门负责人、党组

学习贯彻习近平新时代中国特色社会主义思想主题教育专题培训

织书记培训班，提高基层党务干部的政治站位和履职能力。坚持“两培养一输送”，从一线骨干和青年员工中发展党员，努力把骨干培养成党员、把党员培养成骨干、把党员骨干输送到重要岗位。广大党员在抗疫复工中打头阵、在生产经营中冲在前、在科技攻关中创佳绩，先锋模范作用更加彰显，涌现出“全国劳动模范”“中央企业优秀党员、党务工作者”等一批先锋模范代表。

健全基本制度。坚持搭建“六个一”制度体系，细化落实“一流党建”创建工作。围绕党委规范化、支部标准化，制定推出一个清单、一个要点、一个考核办法、一套制度、一个手册、一系列案例集。在完成基本制度“规定动作”的基础上，基层党组织结合实际，开展各具特色的党建活动，为基层党建融入中心提供可复制的经验。用好党建管理、信息共享、成果展示、党务公开、考核评价“五位一体”的党群信息系统。

四、“全领域”创建融合载体，党建价值创造力更加彰显

中电工程党委坚持党建工作积极融入生产经营，生产经营主动对标党建要求，全面提升党建价值创造力。各级党组织和广大党员在服务“双碳”战略、落实区域重大战略、高质量对外开放上勇当先锋、勇扛重任。

坚持融合创效，创建党建特色品牌。将党建与生产经营深度融合和品牌创建同步开展，在价值创造实践中提炼党建品牌，在品牌创建中固化好的经验做法。广泛开展“联学联建，融通融合‘六个一’”主题行动、实践在支部、党员先锋工程等创先争优活动，深化“党建+五个集中攻坚”，在重点项目、工程累计成立党员突击队、示范岗、创新小组2000余个。持续深化项目、境外、混改等特色领域党建，基层党组织创建总结出“五融五促、五星党委、1+4+X、风行者、追风逐日、红背包、党员直播间”等一批主题内涵深、品牌叫得响、工作措施硬的党建品牌，真正突出党建品牌的政治性、引领性和示范性，让党建品牌有特色、立得住、走得远。

“健康能建 快乐中电”健步走活动

董事长罗必雄（右二）在“一带一路”海洋合作专题论坛

着眼文化赋能，促进企业和谐发展。系统开展企业文化建设，提炼出企业最大群体的“红色工程师”文化，鼓励所属企业打造“龙舟文化”等特色文化，大力培育安全文化、合规文化等专项文化，增强了企业文化的渗透力、影响力和感召力。强化高端品牌传播，在《红旗文稿》等重要刊物刊发公司领导署名文章，成功开展“一带一路”峰会、数博会、央视国庆特别节目、崇左媒体开放日等重大宣传活动。发挥群团组织桥梁纽带作用，注重人文关怀，完善职代会等民主管理机制，常态化开展职工建言献策，通过领导联系点、职工思想动态分析会、“金点子”大赛等多种形式征求职工意见建议，凝聚企业发展合力。建立青年科技创新、管理创新长效机制，激发了青年人才的创新活力。

聚焦主责主业，服务国家重大战略。坚持科技创新，积极培育新质生产力，按项目制、工程化思路加快实施国重项目，在高空风能、近海漂浮式光伏、海上风电、交能融合、“三改联动”、绿色氢基能源、压缩空气储能等领域取得一批研发成果，“碳达峰碳中和系统解决方案”课题通过验收。服务“双碳”战略，统筹开展黑龙江、辽宁、青海等地新能源基地外送通道策划和纳规。强化智库建设，深度参与国家和江苏、广东等省“十五五”能源规划研究及全国首批碳达峰试点园区方案编制，圆满完成有关部委、学会10余项咨询课题成果。扎实参与共建“一带一路”，十二大国际业务区域布局不断完善，助力共建“一带一路”高质量发展。

五、“全要素”推动责任落实，管党治党责任更加严实

中电工程党委始终践行抓党建就要抓责任制重要论述，不断压实管党治党责任，推动各级党委统筹规划党的建设工作，坚守党建“主阵地”，种好党建“责任田”，确保业务延伸到哪里，党建责任就深入到哪里。

压实全面从严治党主体责任。从责任划分和责任落实两方面入手，破解党建工作“考核难、难考核”难题，一方面，扭紧责任制这一“牛鼻子”，发布《党建工作责任制实施细则》，制定《党委全面从严治党主体责任落实措施清单》，明确党委主体责任、党委书记第一责任、班子其他成员“一岗双责”的责任体系；另一方面，用好考核评价这一“指挥棒”，每年根据企业中心工作，明确党建要点和考核分值，并将考评结果应用于领导班子薪酬绩效，推动“软指标”变为“硬约束”。

分层分级开展党建考评。落实责任制考核体系总体要求，建立主体明晰、责任明确、有机衔接、分级分类的考核机制。作为考核方，坚持以考促建、以考促优，通过线上核查、现场查验、满意度测评的方式完成23家所属企业考核，考评结果第一时间通报，发现的问题一对一反馈，督导其整改，形成监督考评的管理闭环。基层党委分别对所属500余个党支部（总支）进行量化考核，实现各级党组织考评全覆盖。

全面深化正风肃纪反腐。持续加强企业党风廉政建设和反腐败工作，坚决整治“四风”，严肃查处违规违纪行为。统筹推进对所属企业的政治巡察，常规巡察覆盖率100%、专项巡察率100%。做深做实“大监督”体系，抓好顶层设计，凝聚监督合力，持续释放治理效能，统筹推进项目管

理精准监督。精准运用“四种形态”，确保政治效果、纪法效果和社会效果有机统一。坚持一体推进不敢腐不能腐不想腐，严肃查处境外腐败、利益输送、设租寻租、化公为私等靠企吃企问题，通过典型案例通报，以案示警，匡正纲纪。

征程万里风正劲，重任千钧再奋蹄。新征程上，中电工程各级党组织和广大党员干部将深入学习贯彻党的二十大和二十届三中全会精神，凝心聚力、开拓创新，踔厉奋发、勇毅前行，奋力开创基层党建工作新局面，努力汇聚以“一流党建”引领保障高质量发展的强大力量，为打造“四新能建”、争创世界一流企业做出新的更大贡献。

执笔人
罗必雄　中电工程党委书记、董事长
李萍莉　中电工程党委副书记、工会主席
陈　奇　中电工程党群工作部主任、团委书记
臧永强　中电工程党群工作部副主任
齐金芳　中电工程党群工作部党建处处长
罗梦蝶　中电工程党群工作部党建处主办

点评 中电工程党委以“五全党建”模式为着力点，通过“全方位”强化理论武装，“全过程”融入公司治理，“全覆盖”健全基层组织，“全领域”创建融合载体，“全要素”推动责任落实五项举措，积极探索国有企业管党治党和治企兴企责任的融合落实，持续提升党建引领力，推动了党的政治优势、组织优势转化为产业的发展优势、竞争优势，为国有企业集团型党委建设提供了可借鉴的范例。

解“一元三次方程” 促企业高质量发展

东北院党委

摘 要

党的二十大报告指出，要积极稳妥推进碳达峰碳中和、加快实施创新驱动发展战略、深入实施人才强国战略。面对新目标新任务，国资央企应有新担当新作为，特别是需要用党建创新实践引领企业探索增强核心功能和提高企业核心竞争力的新路径。中国电力工程顾问集团东北电力设计院有限公司（以下简称“东北院”）党委以问题导向为出发点，以“解方程”思路总结提炼解“一元三次方程”党建工作法，求理论转化实践之解，求聚合共享资源之解，求建强干事创业队伍之解，形成了“三领三聚三建强”党业融合思路，持续引领基层党建与中心工作的融合创新实践。

东北院党委解“一元三次方程”党建工作法，方程的根在“一元”，即一切党建工作应围绕生产经营工作中的引领性、发展性、障碍性问题开展；方程的难点在“三次方”，解决的是促进企业高质量发展的全局性、系统性、创新性问题，具体是指“三个求解”，即：求理论转化实践之解，求聚合共享资源之解，求建强干事创业队伍之解。方程的重点在“求解”，解题目的是推动企业持续高质量发展，解题的方法则采用了“公式法”“配方法”和“矩阵法”，求解思路就是形成“三领三聚三建强”党业融合的实践之路。

一、以“公式法”求理论武装转化为实践之解

东北院党委坚持党建引领，惯用“公式法”，构建“党委理论学习出题—党委成员领题调研—中心组学习研讨破题—职能部门党支部解题”思路解题，切实将理论武装用于指导工作实践。

领题改革发展，解“动力源”之困。深入学习习近平总书记加快建设世界一流企业的重要论述，由企业发展部党支部牵头开展调研、组织对标一流，结合中国能建党委调研东北片区期间提出的写好“发展、改革、管理、党建”四篇大文章要求，在中心组学习研讨公司《“十四五”规划》，决策推动“南北双总部”运营模式，开展管理扁平化、数字化、融合化“三化转型”，优化“10+1+2”市场布局，重新构建起企业发展的新优势。

领题创新机制，解“增长极”之惑。深入学习习近平总书记关于科技

南方总部在深圳揭牌成立

创新的重要论述，由安质环部党支部牵头调研各业务板块技术发展趋势，在中心组研讨汇报《科技发展规划》，决策加大科研投入力度，出台一系列配套激励机制，系统谋划建强科技人才队伍。除在核电、重型燃机、特高压输变电等传统领域保持优势外，东北院新质生产力正在向氢氨醇油新型用能体系、矸石纤维新材料领域、压缩空气储能等绿色低碳领域集聚。

领题文化传承，解“凝聚力”之谜。深入学习习近平总书记在文化传承发展座谈会上关于“两个结合”的重要论述，由党群工作部党支部牵头重塑企业品牌形象，以“1363”文化阵地多维度融合体系建设为纲，打造焕新、青春、人文东北院三个子品牌，总结阐释首创、求真、团结、传承、进取、使命“六种精神”，以见人见事见精神的视角，讲好以人为本与创新突破的企业生长轨迹故事。

二、以“配方法”求聚合资源共享朋友圈之解

东北院党委坚持党建赋能，活用“配方法”，以联学联建紧紧锁定产业链、创新链、供应链“三链”合作伙伴，发挥各自优势，锻长板、补短板，合作共赢，不断增强企业核心功能、提升企业核心竞争力。

聚合规划引领资源，献智库之策。邀请国家电网、能源局党员领导干部讲授专题党课，共同研学能源领域发展的新形势、新任务、新要求；与东北院三省能源局及其所属研究、咨询中心党支部联学联建，在共同研究能源发展规划、跨省电力、氢能输送通道建设等课题之余，还一同开展红色研学。

聚合科技创新资源，聚智库之力。与东北电力大学、吉林大学等多所高校联学共建，在共研新型电力系统与新型能源体系的同时，共同参与国家重点实验室建设，参与新能源、新材料联合实验室建设，共同建设硕博工作站，共同培养卓越工程师。同时东北院推荐多名优秀党员高级技术骨干进校园、上讲台，为在校师生宣讲电力工程领域实战经验，宣讲企业历史和实力，吸引了一批高校优秀毕业生加入东北院。

开展“结对提质”共建

聚合产业布局资源，延智库之链。所属支部与市新兴产业股权投资基金有限公司党支部联学联建，为基建项目前期融资开辟全新路径；所属支部与政校企研发机构、建筑施工企业、装备制造企业、国际国内窗口单位的党支部形成定期联学共建机制，在加强技术研发与应用、补齐建强产业链、研发新材料等方面展开切实合作。

三、以“矩阵法”求建强干事创业主力军之解

东北院党委坚持以人为本，善用“矩阵法”，加强干部人才队伍、党员先锋队、群团队伍三支队伍建设，集而成团、汇聚合力，在推动企业高质量发展中挑重担、当先锋、打头阵。

建强干部人才队伍“排头兵”。强化领导班子“三力”建设，以“第一议题”提升政治判断力，以中心组学习研讨提升领悟力，以经理层任期制契约化提升执行力；强化中层干部抓落实能力建设，在党支部书记年度培训中常态化融合管理课程；注重工程师队伍传承，在大师工作室遴选推荐最美工程师，青年科技领军人才获奖由全国勘察设计大师颁授，评选培育一批“工匠式人才”，公司推荐的核电专家郑永恒获得“吉林省劳动模

范”称号，持续加大工程师队伍引领示范和激励力度。

建强党员先锋队伍“主力军”。提出打造一批“党员示范岗、党员先锋队、项目示范党支部”的“三个一批”。党员示范岗方面，在财务、市场、综保等“窗口性”岗位设置党员示范岗，向高校派出示范岗党员（高级以上工程师）为在校师生讲授工程实战经验，在项目部设置总工党员示范岗、项目监察员示范岗，开展质量、安全宣讲。党员先锋队方面，开展挂旗上墙“亮岗亮队”活动，通过几年实践，逐渐形成了“管理提质”“市场开拓”“项目攻坚”三大类先锋队优秀示范，目前正在探索在大师工作室、科研技术性强的部门党员中建设“科技创新”先锋队。项目示范党支部方面，依托大型总承包项目，以项目党建“334”为原则，编制项目示范党支部创建指引，党建工作与项目达标认证统筹考核，建好党建活动阵地，支持鼓励与业主、分包单位党组织共同开展联学共建、文体活动等。

“党员示范岗”“党员先锋队”“项目示范党支部”

建强团青工会队伍“生力军”。坚持党建带工建带团建，让青年团员、职工群众始终聚焦企业中心工作组织开展活动。一带思想建设，聚焦主题教育和共青团建团100年，组织主题演讲、画像等活动，将企业战略与青春活力融为一体。二带组织建设，聚焦工会、团委换届，选优配强群团工作者，建设一支勇挑重担、传承永续的生力军。三带特色活动，聚焦中心工作，组织团青参加创新创效大赛、工程设计美学大赛，连获佳绩，工会在组织丰富多样的文体活动基础上，重点开展职工技能竞赛，群团组织的创造力、凝聚力和战斗力得以不断提升。

东北院正是以“三领三聚三建强”的创新党建载体实践，破解了党建引领、赋能、融合发展这“一元三次方程”。企业连续三年新签合同额破百亿，并向两百亿大关进军，净利润连续三年保持增长，多项设计、施工、总承包工程获国优金奖、优质工程奖，公司科技研发强度指标逐年攀升，涌现一批国家级大师、劳动模范。未来，东北院党委还将持续探索党建引领企业发展新质生产力的新途径，让“四新”能建和“四大转型”根植于东北院高质量发展的全过程之中。

执笔人

李兵薇　东北院党群工作部主任

赵春楠　东北院党群工作部副主任

点评 奔着问题去，向着重点攻。东北院党委以解“一元三次方程”党建工作法，探索企业增强核心功能和提高核心竞争力的新路径，通过引领、创新、凝聚、融入，以“公式法”“配方法”和“矩阵法”求理论转化实践之解，求聚合共享资源之解，求建强干事创业队伍之解，擦亮了党建“底色”，提升了赋能“成色”，切实把党建工作形成的“软实力”转化成为企业高质量发展的“硬支撑”。

党建领航"0号工程"共筑上海新地标

华东院办公大楼改扩建工程项目联合党支部

摘 要

中国电力工程顾问集团华东电力设计院有限公司（以下简称"华东院"）办公大楼改扩建工程项目位于上海城市更新规划中的武宁科技园，大楼建筑面积7.6万平方米，总投资额约11亿元。新建办公大楼将从根本上解决华东院办公分散、面积紧缺、环境安全等问题，是华东院人心中的"0号工程"。办公大楼改扩建过程中，华东院党委充分发挥"领头羊"作用，用好党建"联"字诀，与项目管理、施工总包和施工监理单位成立华东院办公大楼改扩建项目联合党支部，用好党建引领、调研互动、服务向前"三个法宝"，有力保障项目建设顺利完成，为党建引领重点项目高质量推进、企业转型升级提供了可借鉴的经验。

华东院办公大楼改扩建工程与周边地铁线路、快速路等重大基础设施工程同步推进，面临着建设周期紧迫、施工难度大、需协调事项繁多等多重挑战。尤为特殊的是，该项目是华东院首次作为投资方，在市中心区域承担市政项目的建设，这对华东院而言无疑是一项重大的新尝试与新挑战。华东院办公大楼改扩建工程项目联合党支部（以下简称"联合党支部”）由华东院牵头联合3家参建单位共同组成，共有党员17人。联合党支部以“聚焦项目抓党建、抓好党建强项目、建优项目促发展”为目标，坚持党建引领，充分发挥党员先锋模范作用，打破不同参建单位间的“门户界限”汇聚合力；加强调研互动，坚持以人为本，关心关爱职工；坚持服务向前，创新管理新模式探索新机制，切实将党建转化为发展优势，实现项目建设的“动力叠加”，体现党建工作价值，成为华东院打造项目党建品牌的生动实践。

一、党建引领，聚合力闯难关

党员先锋队带头闯难关。在离华东院办公大楼改扩建工程建设场地红线仅10余米的地方，上海市轨道交通14号线（以下简称“14号线”）也正在紧锣密鼓的施工中，华东院办公大楼项目的基坑大底板浇筑，受限于对14号线的保护要求，必须在14号线正式通车之前完成，这无疑是一次时间紧、任务重的挑战。面对困难，联合党支部第一时间成立党员先锋队积极应对，提前做好项目建设规划，详细部署浇筑方案，兵分四路同步协调人员、材料、罐车调度和交通疏导，在确保周边交通、环境安全的情况下，白昼两个班组连续施工浇筑大底板，不同班次人员接续施工，创下连续25小时、400余车次不间断供砼，完成3560立方米的浇筑记录，最终在14号线通车前54天完成项目大底板浇筑，为14号线如期通车打下坚实基础。

“如今14号线已平稳运行两年多，为上海城市高效运营发挥了重要作用，这离不开华东院办公大楼改扩建工程基坑建设的高质保障和高效完工。”联合党支部党员先锋队前往14号线做项目竣工地铁结构确认时，地铁监护方表示，“希望以此作为样板工程，供申通地铁其他监护项目交流学习”。

内外部共建聚合力。联合党支部积极共建“红色”朋友圈。对内，与华东院职能、生产部门开展联学联建活动，加强彼此之间的交流，打通项目管理中的堵点，攻克项目建设中的难题。在联建活动中，支部特别邀请

党员先锋队带头闯难关

了华东院上海市第十二次党代会代表，传达会议精神并分享个人参会感悟，以此强化团队的政治理论学习，为项目建设的顺利推进提供动力。对外，与主管部门、属地街镇、配套单位开展联学联建活动，高效完成了项目周边条件调研、建设资源协调和配套工程接入等项目建设难题。尤其是在大楼螺旋坡道的选材过程中，面对新冠疫情防控期间耐候钢国外供货渠道受阻的问题，建设方、设计院等抽调党员骨干组成调研小组，充分发挥联合攻关的优势，经过艰苦研选，最终在国内成功找到满足综合性能要求的优质耐候钢，圆满解决了材料供应难题。这一举措不仅确保了项目整体的顺利推进，而且以耐候钢整体焊接而成的螺旋坡道也成为如今大楼造型的点睛之笔。

二、调研互动，办实事暖人心

将关心关爱员工落到实处。联合党支部充分用好“调查研究”这一法宝，紧密围绕“节能、减碳、增效、环保”四大核心目标，迅速组建专项工作小组，深入开展多维度调研互动。在仔细研究、反复论证的基础上，工作小组成功推动了高效能设备的更新换代，并创新性地引入了智能控制系统及多项前沿节能设计，成效显著，为节能减排与效率提升树立了典范。同时，党支部还牵头实施了包括建筑智能化、餐饮服务、物业管理等在内的专题调研项目。从大楼的整体布局规划到具体设施的功能细分，再到地下车库、职工餐厅、会议区等关键区域的硬件设施升级，党支部均进行了深入细致的调研与精心部署，实现了对办公大楼建设质量的全方位把控与精细化管理。这一系列举措旨在打造一个集绿色生态、高效运作、开放包容、资源共享于一体的办公环境。这样的环境不仅充分满足了办公的功能性需求，更深刻体现了对员工福祉的深切关怀，营造出一个既温馨和谐又充满人文关怀的工作氛围，让每一位员工都能深切感受到归属感与幸福感，从而激发他们的工作热情与创造力。

支部共建活动送温暖

以暖心服务擦亮为民底色。联合党支部建立调查研究长效机制，并将其与“为群众办实事”的理念相互融合，使之成为支部日常工作的有机组成部分，从而确保党员们持续关注和解决群众的实际问题。在学习贯彻习近平新时代中国特色社会主义思想主题教育开展过程中，党支部与金岭园居民区党总支开展共建活动，在深入社区的过程中，党支部发现周边小区因夜间照明设施匮乏，给居民出行带来了诸多不便。针对这一问题，联合党支部迅速响应，启动了道路亮化惠民工程，对小区居民出行路线、现有照明情况等展开实地调研考察。依托电力设计院的专业优势，党支部制定了详细的照明设施安装方案，包括灯具选型、安装位置、亮度要求以及后续维护计划等，最终党支部决定采用太阳能照明节能方案，既解决了居民夜间出行难的问题，又为社区打造了绿色环保的照明生态。

三、服务向前，创模式建机制

探索“小业主、大监督”管理模式。华东院办公大楼改扩建工程在建设过程中结合专业人做专业事的原则，设置了三个层次的项目组织管理架构——决策层、管理执行层和建设实施层。决策层的实施主体是建设单位——华东院，建设单位依托项目管理单位组建相对精简的筹建团队，联合华东院项目部共同开展工作；管理执行层的实施主体是项目管理单位，负责对项目从前期筹备到竣工验收全过程实施总控；建设实施层的主体是其他各参建单位，他们充分发挥各自的专业优势和经验特长，通过设置造价控制、招标代理、施工监理等多个专业细分领域，实现了权力的合理分配与相互制衡，共同推动项目的顺利实施。这一架构不仅提升了工作效率，也确保了工程质量和安全。

与此同时，联合党支部与项目组织管理架构保持高度一致，精心选拔各参建单位项目骨干担任党支部书记和委员。这一举措不仅确保了项目决策能够迅速传达并得到有效执行，还形成了独具特色的“小业主、大监督”管理模式。在该模式下，党支部充分发挥了桥梁与纽带的作用，促进了信息的快速流通与资源的优化配置，为项目的顺利推进提供了强有力的组织保障。

建立“党员包干认领制度编制”工作机制。制度建设在项目建设过程中具有至关重要的作用，为项目顺利实施提供了规范性、系统性和可持续性的支持。作为一家能源电力建设领域企业，华东院在市政工程建设领域经验较少，制度建设不健全，针对这一情况，联合党支部根据业务板块，要求支部党员通过包干方式认领制度编制任务，在通用要求的基础上，结合两级集团和华东院管理要求，以及项目建设实际情况，于项目正式启动前2个月完成项目总体组织管理方案、项目管理规划、信息管理等10余项制度初稿的编制工作。随着项目的持续推进，这些制度也在实践中得到了不断的优化和完善。制度的编制为项目在建设过程中的标准化、规范化管理打下了坚实的基础，并为华东院市政业务拓展树立了良好范例。

项目联合党支部的党建领航，引领保障了项目建设顺利推进。2024年

华东院“0号工程”成为上海新地标

4月20日，华东院新办公大楼正式落成。华东院办公大楼改扩建工程和联合党支部分别被授予“上海市普陀区‘文明工地’”和华东院“安全生产先进集体”“特色党支部”等荣誉称号。新办公大楼的启用，标志着华东院在推动区域经济、科技创新、绿色建筑发展及提升企业形象方面实现了新的飞跃。大楼不仅成为区域经济发展的新引擎，还展现了华东院在能源电力领域的前沿技术实力。新办公大楼的绿色建材与设计理念，正是华东院积极践行国家“双碳”战略的生动实践，彰显了其在环境保护方面的坚定承诺与责任担当。如今，新办公大楼已经成为武宁创新轴的一个标志性建筑，频频亮相于“上海发布”“上海普陀”等权威视频媒体平台，显著提升了华东院的品牌形象，全方位展示了企业的雄厚实力。这座大楼不仅是华东电力设计院自身发展的里程碑，也是集团公司在上海乃至全国对外展示的亮丽名片。

执笔人

洪　佳　华东院办公大楼改扩建工程项目联合党支部书记、运营保障中心副主任

点评 大家伙儿心之所系的“0号工程”，承载着华东院再铸辉煌、凝聚人心的历史使命。在项目建设期间，华东院大楼项目联合党支部通过“党建引领”“调研互动”“服务向前”三个法宝的综合运用，提升了项目建设的质量和效率，同时也为周边社区带来了积极影响，实现了党建、项目建设与履行社会责任的共赢。魔都旋风网红楼，不仅红在她的“形”，更红在了她的“心”。

“三聚焦”，让项目党建“强”起来

中南院党委

摘　要

项目是工程企业的发展之本、管理之基、效益之源、人才之根。近年来，中国电力工程顾问集团中南电力设计院有限公司（以下简称“中南院”）坚持党建引领，把党的领导、党建工作融入项目建设和运营管理全过程，聚焦“夯实堡垒”“赋能发展”“凝心聚力”，在项目党组织设置、党务人员配备、党建与生产经营融合内嵌具体方式方法等方面进行了有益尝试和探索，形成了卓有成效的项目党建新模式，推动项目党建与生产经营深度融合，有效提升了工程项目价值创造力、项目管理力、党组织组织力。

全面加强和改进工程项目党建工作，推动项目党建与项目建设深度融合，是贯彻落实“两个初衷”的具体实践，是打通全面从严治党“最后一公里”的关键所在。但由于生产任务紧，容易出现项目党组织设置不到位、工作力量薄弱，“三会一课”、发展党员不规范，党建考核措施形同虚设，党建与中心工作“两张皮”等问题，为了做好项目党组织规范化建设的同时，找准党建与中心工作融合的切入点，中南院坚持党建引领，把党的领导、党组织建设融入项目建设和运营管理全过程，不断打造工程项目红色引擎。

一、聚焦夯实堡垒，让项目党支部“实起来”

组织设置到位，建强项目党支部。中南院党委专门制定《外派机构党建工作管理办法》《工程项目党建工作指导清单》，明确支部成立撤销的条件，对机构设置、建设、管理模式和活动方式进行规定。项目党支部成立后，提级由党委直接管理，相关建设要求纳入支部工作考核体系。同时，通过“135”标准化建设实现了项目党组织信息台账、组织生活、党员管理、党费管理、活动阵地标准化的目标。

人员配备到位，配强工作力量。着力选优配强项目支部班子，召开党委会研究确定党支部书记人选，一般由项目行政负责人“一肩挑”。结合工程实际，发布《项目党支部选举工作手册》，确保党支部委员选举产生严肃、规范。

组织学习到位，强化理论武装。每月定期发布“党员学习专刊”，为支部提供丰富的学习材料。支部定期开展“三会一课”、主题党日、书记讲党课、组织生活会、谈心谈话等，使组织生活成为开展党内经常性教育的有效载体。

鄂州花湖项目党支部开展主题党日

考核评价到位，加强反馈提升。按照“3+1+5”考核评价体系，通过季度考核、不定期抽查、书记述职评议、项目达标认证等形成综合评定意见。同时，考核结果进行“一对一”反馈，对年度党建工作存在的问题精准画像，帮助做好整改提升后半篇文章。强化结果运用，依据考核结果按月给予项目党支部书记、委员津贴，同时作为“两优一先”评选的重要条件。

中南院党委召开应城项目党支部年度考评反馈会

二、聚焦赋能发展，让项目党支部“亮起来”

“承诺践诺”促落实。发布实施《党员承诺践诺实施方案指导意见》，引导党员紧紧围绕项目重点任务在技术创新、节能减排、安全生产、提升管理水平等多方面进行承诺践诺。先后指导10个项目支部开展承诺践诺，90余名党员将300多个承诺事项融入岗位职责、化为自身行动，在践诺中真抓实干、创造佳绩。

“岗队建设”激活力。鼓励项目支部在急难险重任务中选派政治过硬、业务优秀的党员成立突击队、党员先锋队，划分党员责任区，设立党员示范岗。宜城项目党支部结合项目实际成立了“安全生产”“工程质量”“设备物资采购”三个党员先锋队和“设计管理”示范岗，克服了疫情反复、极端天气等重重考验，突出解决项目执行过程中的重点难点问题。某项目党员突击队采取有效手段实干巧干，克服了高温暴雨、毒虫叮咬等困难，有效缩短了外业时间，保质保量完成了勘察任务。

川渝特高压交流工程现场终勘党员突击队

“联学联建”谋发展。开展“联学联建·融通融合‘六个一’”主题行动，各项目党支部通过“上下直通、平行互动、定向开展、内外联动”等方式推动项目党建与项目建设深度融合。宜城项目党支部对内与安工采购党支部开展结对共建，就项目现场生产安全事故隐患排查、现场应急采

宜城项目开展联学联建活动

购实施等进行充分交流，增强了项目现场生产安全事故隐患辨识能力，提高了应急采购应对能力；对外与各参建单位开展工区大党建活动，通过工区大党建凝聚各方合力，探寻“党建+工程建设”模式，实现了党建与项目管理工作良性融合发展。

“支部品牌”树旗帜。中南院鼓励各项目党支部在规范管理的基础上，找准党支部在安全、质量、进度、分包采购等方面的“痛点”“难点”重点攻关，提炼形成支部品牌。应城项目党支部围绕“压储先锋号”开展品牌创建，开展技术交流、工程建设经验分享、新技术攻关等一系列活动，打造最强先锋队。盂县项目党支部积极打造“流动的旗帜”，即每名党员都是争先创优的主体，在项目建设每一个环节，冲锋在前，勇挑重担，力争实现完成一个项目、树立一面旗帜。

三、聚焦凝心聚力，让项目党支部“活起来”

“项目课堂”强素质。坚持政治教育和知识技能培训相结合，突出政治训练、技术攻关、管理提升、安全生产，办好“项目课堂”。党支部书记、技术管理骨干带头走上讲台，分享理论学习心得、项目管理方法和专业技术经验。盂县项目党支部开设“安全小课堂”，组织开展“安全生产，青年先行”知识竞赛、“质量在我心，安全伴我行”演讲比赛等特色活动；应城项目党支部围绕项目管理“十化”、安全生产“十二个到位”开展项目课堂，促进项目价值创造最大化。

“导师带徒”育人才。坚持党员教育和人才培养相结合，落实“两培养一输送”，开展“导师带徒”“结对子”等活动。宜城、应城、鄂州花湖项目党支部通过“导师带徒”手把手传授技能，面对面解答疑惑，调动新员工的能动性和创造性，使得现场新员工通过实践逐渐成长为各专业的骨干。

“人文关怀”聚能量。积极打造富有现代生活要素的“项目之家”，完善降温、取暖、网络、健身等配套设施，开展“送清凉”“送温暖”慰问活动，借助中南院心理咨询室专业力量定期为项目成员提供心理咨询和讲座服务，打造一线职工“心灵港湾”。此外，项目党支部还结合所在地实际情况积极履行社会责任。鄂州花湖项目党支部党员同志深入鄂州当地流动党员驿站，为农民工提供安全教育、技能培训。某项目党支部党员自发捐款，资助项目所在地附近学生改善教学条件，助力当地发展。

心理咨询室赴应城项目党支部开展“心灵港湾 幸福起航”心理关爱嘉年华活动

“形象塑造”扬精神。将项目现场作为宣传企业形象的主战场，一方面强化对品牌标识的规范使用，另一方面聚焦项目重大进展、关键节点和技术突破，及时宣传推广“党建+工程建设”好经验好做法，持续讲好项目故事，树立项目品牌。《青年走进项目部》《平凡亦有光》等多个视频被上级官媒采稿，《襄阳火电项目起步即冲刺开局即决战》《宜城火电项目这样示范安全高效》等被湖北电视台和湖北日报争相报道。

通过项目党建“三聚焦”模式的实践，中南院项目党支部的规范性水平明显提升，广大党员的先锋模范作用日益凸显，党支部的凝聚力、号召力明显增强。各工程项目喜讯频传，里程碑节点相继完成，宜城百万火电项目全面建成投产；鄂州花湖项目按计划完成地形整治和生态复绿全部工作；应城项目首次并网一次成功，标志着全球压气储能电站正式迈入300兆瓦级单机商业化新时代，各项目党组织真正实现了以高质量党建引领保障项目高质量建设。

执笔人
谢　珺　中南院党群工作部（工会办公室）主任
韩　茜　中南院党群工作部（工会办公室）主任助理

点评 中南院聚焦夯实堡垒、赋能发展、凝心聚力三大核心，不仅夯实了项目党支部的组织基础，还激发了党员队伍的活力与创造力，实现了党建与项目建设的深度融合。该模式通过一系列创新举措，显著提升了工程项目的管理水平和价值创造力，为项目党建高质量发展提供了借鉴范例。

“勘线人”吹响冲锋号

西北院勘测工程公司党支部

摘　要

党徽照初心，党旗引方向。尽管工程中困难重重，但哪里有输电线路工程，哪里就有党组织的带领。中国电力工程顾问集团西北电力设计院有限公司（以下简称“西北院”）勘测工程公司党支部近年来围绕“提高终勘定位质量和效率”等工程难点和突破点，在每个输电线路工程终勘定位现场、在打通基层党建“最后一公里”上充分发挥突击队战斗堡垒作用和党员先锋模范作用，打造出一种强有力的党组织与业务共建模式，实现项目党建和工程建设的良性互动，使“抓党建”与“抓业务”有效融合，为项目建设、企业发展奠定坚实基础。

输电线路是国家基础建设的重要工程，近年来呈现出数量多、难度大的特点，其项目地点往往位于荒无人烟的地区，勘测难度大，工作环境苦。近年来，西北院勘测工程公司党支部聚焦“做实党建就是生产力、做强党建就是竞争力、做细党建就是凝聚力”的工作目标，在每个输电线路工程的终勘定位现场，由牵头专业党员负责召集其他专业党员，共同组建线路工程党员突击队，充分发挥党建引领示范作用。通过不断探索精细化作业技术和实践分析总结活动，勘测工程公司党支部提炼出一系列成果并进行推广，实现了党建工作与工程建设的有效融合，为“党建引领、融合创效”树立标杆。

一、攻坚克难建堡垒

凝聚智慧，深思细谋。以提升输电线路工程项目施工图设计阶段勘察定位质量和效率为核心目标，输电线路党员突击队采取了一系列创新举措。为确保工作方案与实际情况有效结合并具有高度可操作性，突击队在重点项目终勘定位前，开展影响路径成立的各种要素大讨论，深入剖析影响终勘定位工作的重点难点。在此基础上，突击队制定了“提前策划、过程管控、收尾验证”的质量提升措施，创造性地提出了“复杂地段专业配合、相似问题专业融合、人力结构优化配置、加大新技术应用”等效率提升策略。以上举措为项目开展提供了坚实的思想活力、组织保障和创新动力，点燃了项目组成员的工作热情，为项目稳步前行奠定了坚实的基础。

川渝特高压交流工程甘孜·天府南1000 kV线路工程党员青年突击队

筑牢堡垒，学践融合。突击队在川渝联网特高压工程、陇东直流特高压工程等重要重大项目中深入开展融合创效实践，将学习与工作紧密结合，不断提升党组织的凝聚力和战斗力。以党支部书记挂帅为引领，确保组织保障坚强有力；以项目策划为指南，落实工作部署并及时反馈调整优化；以党员突击队为旗帜，充分发挥党员在生产一线的模范带头作用。遵循“认知—总结—认知”基础原则，突击队结合项目特点因地制宜，不断检验和优化策划方案的合理性与实用性，在应对“急、难、险、阻”问题时，充分发挥党组织战斗堡垒作用和党员先锋模范作用，为组织建设注入了强大的动力，也为企业的持续发展带来了显著的凝聚力和战斗力。

党员突击队在线路定位中

精准破题，执行高效。终勘定位前，输电线路党员突击队对路径与塔位的选择进行深入研讨，确保充分满足各专业的实际需求，优化定位小组人员组合，并在此基础上编制和完善定位手册，使其成为项目开展的重要指导性文件。为进一步提升输电线路工程项目的执行效率，党员突击队白天开展现场工作，晚上整理资料，并定期开展“回头看”检查，有针对性地调整工作方案。在野外充满挑战与复杂性的地段，突击队队员总是勇挑重担，冲锋在前。他们灵活运用无人机、卫星遥感影像等先进技术手段，极大地节省了人力物力，确保难点问题能够及时解决，这一系列举措不仅提升了工作质量和效率，更确保了项目在执行阶段能够高速高效推进。

二、融合创效促发展

搭建平台提能力。勘测工程公司党支部聚焦“线路终勘定位效率和质量”等核心议题，成功搭建了一个集学习与实践于一体的综合性平台，通过党建活动与项目执行的双线推进，深入开展“第一议题”学习、党的二十大精神及主题教育学习、业务技能交流与终勘定位实战大演练等多项活动，有效提升了党员及员工的思想、业务能力和综合素质。

联学联建同进步。近年来，勘测工程公司党支部与电网工程公司送电党支部紧密携手，充分发挥联学联建的桥梁与纽带作用，推动生产项目由“各自为战”向“资源共享、协同作战”转变。双方积极挖掘各自专业领域的优势，毫无保留地分享经验与资源，有效提升了专业间的融合度，形成了互学互鉴、携手并进的良好局面。在两位党支部书记的牵头下，双方共建协调小组，制订方案策划，开展丰富多彩的主题党日、座谈交流、红色实践、项目实践、“我为项目办实事”等活动，形成具有指导意义的联学联建活动成果，并已逐步推广应用。

共学共享显成效。通过一系列“联学联建”活动，两个党支部着眼于解决工程建设中的难点问题和主要矛盾，充分发挥党建引领作用，不仅在“共学共享、共建共商、共甘共苦”中实现党建与生产经营的深度融合，更在相互学习中激发了创新活力，在协同作战中凝聚了发展合力。近年来，勘测工程公司党支部与公司本部党支部、项目党支部及相关兄弟单位打造“党建+”融合模式，联合兄弟单位在市场开发、技术创新等方面强化交流合作，建立合作共赢机制，推动更高层次、更广领域的合作共赢，共同书写企业发展的新篇章。

三、引领赋能提质效

构建联动协调机制。勘测工程公司党支部成立专门协调小组，精心策划并实施系列共建与联动协调活动，构建内部学习、野外实践、问题反馈与解决、成果总结与应用等循环体系的联动机制，解决诸多现场问题，形成了良性循环，进一步推动党建工作与生产经营的深度融合。

筑牢务实解难保障。四川雅安川渝特高压交流线路工程外业定位期间，面对酷暑难耐的恶劣环境，勘测工程公司党支部书记亲自带队深入现场开展送清凉慰问活动，为一线员工送去了清凉与关怀；在川渝联网工程、陇东直流工程、金上—湖北特高压输电线路工程等重要项目开展期间，公司技术高层党员干部均亲临现场，共同研讨项目质量提升措施，优化工作方式，这些举措彰显了党组织的挺膺担当。

树立优秀典型榜样。党员突击队涌现出一批先进典型，他们中有不畏艰苦、奋勇当先的外业工作标兵；有理论结合实践、创新开拓的技术骨干；有尽心尽力、一心为公的劳模典范。这些党员同志以实际行动践行了党的宗旨，为项目的顺利执行和如期完成提供了坚实的保障，充分发挥了党员先锋示范作用。

创建党建文化氛围。按照“党建引领，文化搭桥”的工作思路，勘测工程公司党支部积极开展红色教育基地学习、项目实践等活动。金上—湖北±800 kV特高压直流输电线路工程党员突击队在项目工作间隙，前往四川省乐至县陈毅故里开展以“访元帅故里，学光辉党史”为主题的党史学习教育，深刻地感悟到革命先辈们的奋斗初心，进一步加深了对党史的了解，充分地发挥共建党建文化氛围、弘扬正能量的作用。

勘测工程公司输电线路工程党员突击队以项目难点为核心，质量效率为突破口，紧密围绕党建和项目执行两大主线，构建学习实践平台，开展丰富多彩的理论学习和业务交流活动。勘测工程公司党支部以党建促业务，以业务促发展，实现了党建与业务深度融合，为工程建设积累了宝贵

西北院勘测工程公司输变电工程党员先锋模范队开展红色教育活动

经验，并逐步向其他领域推广应用。在面对川渝联网、陇东直流、金上—湖北特高压工程等自然环境恶劣、地质条件复杂的重大挑战时，党员突击队展现出了非凡的战斗力与执行力，平均仅用39天完成定位任务，成功定位一千基塔以上，时间效率提升了15%。这些显著成果，不仅让“最后一公里”变成“最畅一公里”，更彰显出党建工作带来的强大战斗力与执行力。未来，党员突击队将以更昂扬的斗志和更务实的作风，在西北院“特别能吃苦、特别能战斗、特别能奉献、特别能创新”的勘测精神鼓舞下，为公司的发展贡献更大的力量。

执笔人

张　敏　西北院勘测工程公司市场开发部营销工程师、第一党支部组织委员

点评 西北院勘测工程公司党支部成立党员突击队，成功应对了输电线路工程终勘定位中的重重困难，还通过精细化作业技术和实践分析总结，实现了质量和效率的双重提升。同时支部还注重组织建设和党员队伍的培养，通过搭建学习与实践平台和开展联学联建活动，进一步推动了党建工作的创新与发展。

“三抓三强”助力创新创效

西南院能研院一支部

摘 要

中国电力工程顾问集团西南电力设计院有限公司（以下简称“西南院”）能研院一支部围绕“创新创效”品牌创建，抓载体、抓队伍、抓思想，推动党建与业务融合创效，激发内生活力，凸显战斗堡垒作用，助力部门在完成生产经营目标、科研内建、安质环管理、人才培养等各方面取得突出成绩，能研院连续三年在西南院绩效考核中名列前茅。

近年来，能研院一支部在西南院党委的指导下，紧密围绕“增活力、创特色、强业务、促发展”的核心目标，通过一系列创新举措与实践活动，有效激发了党员群众的积极性与创造力。支部成员勇于担当、积极作为，不仅在业务领域内实现了显著提升，更为推动公司改革与发展做出贡献，展现了强大的凝聚力和战斗力。

一、抓载体，建强创新创效主阵地

能研院一支部站在新时代新起点，积极探索党建引领作用发挥的有效途径，营造人人争当生产经营的能手、创新创业的模范、提高效益的标兵和服务客户的先锋的良好氛围，让党旗始终飘扬在工作一线。

主动融入中心业务，创岗建队。能研院一支部以实现战略规划为目标导向，引导党员从任务攻关、市场开拓、科技创新、提质增效、管理提升五大方面创先争优、建功立业，以党员先锋队、党员突击队为抓手，解决生产经营、创新创效的痛点难点，推动基层党组织和党员在改革发展中始终走在前列，取得了一系列亮眼成绩。积极践行“双碳”战略，在规划引领上交出了亮眼成绩单，巩固了西南院在西南区域电力行业的核心智库地位；发挥智库和纽带作用，促成四川省电力规划研究中心在西南院设立，成功策划举办了西南能源发展论坛；通过规划专项研究，促成了四川、重庆千万千瓦燃机落地，为获得燃机总包工程奠定了基础。

其中，国电投西藏当雄羊易光伏储能项目是截至项目竣工时世界上海拔最高的储能电站。为确保项目能高质量履约，能研院一支部在收到中标通知书后立刻成立了由书记领队、业务骨干带头的党员突击队，奔赴雪域高原。党员突击队克服自然环境恶劣、车辆通勤难、人员调配难、物资采购难等重重困难，优质高效推进项目，党员先锋更是带头发扬“缺氧不缺精神、艰苦不怕吃苦、海拔高境界更高”的“老西藏”精神，以最短工期实现了该项目的顺利投产，让“党员突击队”的旗帜飞扬在雪域高原，再一次用实力精彩诠释了能研院党员敢打敢拼的责任担当。

国电投西藏当雄羊易光伏储能项目党员突击队在现场

聚焦业务发展方向，党建共建。以“支部共建激活力，企企合作促发展，技术融合展新局”为主题，深入开展外部联学联建、融通融合主题行动，分别与国网西南分部、雅砻江公司等业主单位党支部党建共建，共同设定共建目标和任务计划，深化业务探讨，建立长效交流机制，深耕党务共建、业务共建、人才共建。以常态化机制充分挖掘组织建设、技术合作、人才培养、党员教育管理等方面的成功经验和典型做法；在新能源业务协调发展、特高压网架优化等业务领域深入交流、友好协商，为获取合作项目奠定坚实基础。以“疏通堵点、赋能生产”为导向，内联数研院党支部，深入进行沟通交流，内部协同，联合开发生产管理平台、数研院大数据平台等，推动数字化转型课题取得突破性进展，赋能生产管理。

二、抓队伍，建强创新创效主力军

能研院一支部聚焦队伍建设，推动部门人才梯队建设，为生产经营管理提供有力人才支撑。

实施“选才”计划，建立能力导向、面向未来的人才选拔机制。摒弃了传统以资历和年龄为唯一标准的选拔方式，通过全方位的考察与评估，确保人才得到应有的提拔与重用。大胆起用有能力、有冲劲、有精力的年轻干部。2023年提拔选用的科级干部中有4名为“90后”，其中一名为“95后”，为部门生产经营注入了全新的思想和活力。

打造“练兵”计划，建立差异化人才培养机制。重点从继任者培养和优化培训两个方面为青年员工量身定制培养方案，助力员工成长成才。以人才盘点工作为契机，梳理部门的人才梯队与核心骨干情况，针对员工的专业技术能力和性格特征，对不同的员工实施不同的人才培养机制。对于能够担任主设但技能尚不够全面的人员，在对他们的工程安排方面注意多样性，以便其在实践中尽快提升工程业务能力，以及文字和口头表达能力。对于基本成熟的骨干，则向他们进一步压实担子，将他们朝项目设总或企业管理方向培养，提升其牵头完成工程的能力、整体策划组织能力以及对外沟通协调能力，锻炼其独当一面的综合能力。此外，党支部还充分利用“三会一课”，搭建业务培训交流平台，平均每年组织党员技术骨干开展生产经营内部培训和交流讨论累计20余次，为储备人才、助力骨干快速成长奠定基础。

节假日慰问外业现场员工家属

三、抓思想，建强和谐发展新文化

能研院一支部以“奋斗中收获幸福”为主题，积极推进文化建设，提士气、聚力量，点燃员工干事创业激情，实现正向积极引导，提升员工归属感。

一是开展深入细致的职工思想政治工作。坚持按季度进行职工思想动态分析，在深入开展思想问卷调研及数据分析的基础上，针对部门职工长期忙于工作，部分青年员工对职业发展存在困惑等普遍性问题，开展“奋斗中收获幸福”等团建活动，由部门领导、骨干员工分享成长心得，讲述心路历程，为青年员工照亮奋斗方向。做实人文关怀工作，落实党员群众“五必谈五必访”，构建了一套完善的职工家庭档案与紧急联络体系。面对职工家属突发情况，党支部能迅速响应，确保在关键时刻为职工提供及时而贴心的关怀与帮助；建立长期出差职工家属联系热线，主动提供力所能及的日常帮助。坚持由党支部书记带队，中秋、春节等节假日走访慰问长期驻守工地现场的职工及其家属，为他们送去来自组织的温暖。

二是深入践行“健康能建”活动，扎实为群众办实事。党支部联合分工会针对广大员工埋头拼搏忽视身体健康的现状，组织开展了“兔年

‘走’好运”健步行，羽毛球、篮球友谊赛等活动，积极推动全员运动，并以此号召大家赶走压力和内耗，以积极向上的状态拥抱工作、拥抱生活。为方便员工午间休息发放午休靠枕；在三八国际妇女节组织女职工郊游、体验特色文化活动；在六一儿童节为职工提供儿童小礼物及关心问候……让广大员工在这些具有特殊含义的日子里，感到党支部、分工会的关心关怀，提升员工获得感、幸福感。

西南院第三届“开创杯”职工羽毛球比赛

能研院一支部以党建与业务深度融合为抓手，在党建工作方面取得了一定成效，获得“中国能建示范党支部”“中国能建先进基层党组织”“四川省国有企业先进基层党组织”等荣誉称号。未来，党支部将再接再厉，在实践中积极探索创新党建工作理念、方式方法、手段载体等，进一步推动党支部党建与业务互融互促，创新创效，把党的政治优势转化为发展优势，把党建工作优势转化为竞争优势，为企业高质量发展贡献力量。

执笔人

周歆睿　西南院办公室（党群部）执行主任、工会副主席

点评 西南院能研院一支部深入思考党建与生产经营相融合的切入点和契合点，以“三抓三强”推动基层党建工作提质增效，以实现战略规划为目标导向，彰显党员攻坚克难、敢打敢拼的责任担当，发挥了党建工作对生产经营中心工作的引领保障作用。

厚植文化沃土　赋能全城市业务

华北院低碳城建研究院（双碳数字城市研究中心）党支部

摘　要

中国电力工程顾问集团华北电力设计院有限公司（以下简称“华北院”）低碳城建研究院（双碳数字城市研究中心）（以下简称“城建院”）作为城市业务市场开拓和落地实施的主要责任部门，结合党支部自身组织结构特点和全城市业务特征，致力于党建融合创新创效，以企业文化铸魂、以和合文化聚力、以美学文化赋能、以精品文化提质，立足一线、实干创效，深化创新转型，催动发展蝶变，使党建工作真正对生产经营工作提供全方位强有力的支撑。

城建院党支部包含本部城建院和中南分公司党员共31名，大部分党员都是中基层干部和业务骨干，其中部分为引进人才，在部门生产经营中发挥着重要的支柱作用。全面激发党员的活力，找到聚势破局的实施路径，真正对生产经营工作提供全方位强有力的支撑，是城建院党支部多年以来重点研究和思考的问题。近年来，城建院党支部将文化建设作为党建工作融入生产经营中心任务的切入点，通过文化精神涵养，激发党组织战斗堡垒作用和党员先锋模范作用的发挥。

一、以企业文化铸魂

华北院在建院70周年之际，系统总结和提炼出九大奋斗信仰和精神谱系，用企业发展史生动讲述改革转型发展的重要性和必要性，用企业文化统一改革转型思想，提出以能源电力为特色、以城市建设为载体，成为新型能源体系构建者和绿色低碳城市建设者的发展方向。

城建院作为全城市业务的践行者，系统梳理全城市业务高质量发展所面临的主要矛盾，重新理解和认识全城市业务的实质性内涵，找准业务转型关键问题，用“文化”小切口推动改革转型大问题的解决。城建院党支部在将加强思想政治建设摆在首位的同时，注重用文化铸魂，通过“三会一课”、主题党日、书记讲党课等多种形式，宣讲华北院“‘一体两者’战略发展定位、实施路径”“九大奋斗信仰和精神谱系”“和合文化、美学文化、精品文化”等文化体系，同时进行红色教育、交能融合等业务研讨，坚定干事创业的信心，强化企业文化入脑入心，提升员工归属感和文化认同感，凝聚转型发展最大合力。

二、以和合文化聚力

和合，指和睦同心，和合文化承认“不同”事物间存在矛盾和差异，并将其统一于一个相互依存的和合体中，相互取长补短，使之达到最佳组合，由此推动事物的创新发展。和合文化正是华北院“一体两者”企业形态应有之义，城建院党支部用和合文化推动融合，聚力共进共赢。

加强统筹携手共进。在华北院并购湘潭市规划建筑设计院有限责任公司后，为快速推进跨城力量融合发展，城建院党支部统筹组织北京、长沙、湘潭技术骨干成立融合一体化项目开发先锋队，以“和合”精神补短板，服务能建“一创三转”战略，主导“七网融合”示范项目概念规划设计，提供城市更新、乡村振兴、环境景观提升等多领域几十个前期项目策

垫江总承项目部联学联建党课联讲活动

划研究方案，作为主要设计牵头单位负责集团重大项目云南红河州产业园区总体规划设计工作，有力助推全城市业务的市场拓展，锻炼了队伍也提升了行业内的品牌形象。优势互补携手共赢。围绕公司城市建设发展定位，城建院立足能源，走出能源，从融合中寻求特色。与氢能院党支部结对协同，依托“风光氢+绿色化工”技术优势，获取全球首个液态阳光技术大规模工业化示范项目，发挥专业优势，设计氢能业务宣传册。和垫江项目相关方进行共建，与地方政府、项目公司、全过程咨询等单位形成高度信任和良好互动局面，深挖存量项目，增补勘测设计合同，实现了数千万元收费。携手扩容朋友圈聚“合”力成功获取魏县高速桥梁项目，实现公司在市政道桥板块的新突破。

三、以美学文化赋能

城建院党支部基于对全城市业务的一体化和专业化的重新认识，致力于发挥能源技术优势和设计院高端咨询服务优势，积极参与中国能建文化赋能推动企业高质量发展工作，通过文化赋能提升综合设计能力。

加强文化美学教育。在学习贯彻习近平新时代中国特色社会主义思想主题教育联学联建专题研讨会上汇报《以并购实施文化赋能推动全城市业务高质量发展》，深刻理解“文化就是今天的经济”“审美就是价值创造力”等理念的重大意义，强化文化和美学觉醒，坚决扛起新时代文化赋能高质量发展的历史责任。积极参加集团文化赋能企业高质量发展培训，学习落实文化铸魂、文化赋能有关部署，推动规划、设计、城建与文化、美学融合发展。以赛促学提升能力。积极参加集团“为世界塑造美”工程创新设计与建造优秀案例评选。《城市能源站——垃圾焚烧发电站》《百年古粮行 赋能湘江图——青年毛泽东活动旧址【能源+】教育基地》分别荣获卓越案例和优秀案例奖，实现了工业逻辑向文化逻辑、美学逻辑的跨越。

强力融通跨界融合。在开展主题教育期间，与中央美术学院行政部第二党支部、建筑学院党支部结对，聚焦党建引领、文化赋能、美学设计、艺术表达、城市更新等多个主题进行交流探讨，深化校企合作，推动共赢发展。

党支部赴中央美术学院开展主题党日活动

四、以精品文化提质

城建院传承多年积累的城市供热技术和市场开拓经验，加强城市低碳智慧供热业务建设、人才培养和项目执行质量，敢于创新，追求卓越，用“精品文化”促进全过程服务。

北京热电厂燃机烟气余热利用工程是全球首台9F级燃机烟气余热深度回收利用项目，作为该项目的设计承担方，城建院明确“在清洁供热领域发挥技术领先、系统可靠、经济可行的示范引领作用”定位，迅速成立技术先锋队，充分发挥在烟气余热深度回收高效利用领域积累的先进技术及专业优势，创新性研发应用了板式换热、模块化换热等新技术新材料和新设备技术。设计项目经理发挥党员先锋作用，急工程所急，想工程所想，协调设计进度和质量；项目总代为确保工程的顺利开展，长期坚守岗位，全力保障现场施工。在党员、骨干的带领下，项目顺利完成，实现能源生产的低能耗、低污染、低排放、节地节水融合发展，切实助力北京市双碳目标实现，预计每年节省天然气6776.04万标准立方米（Nm^3）。同时板式

北京热电厂燃机烟气余热利用工程整体投运

换热、模块化换热等新技术新材料、新设备技术成功应用于低温雨雪冰冻灾害防范应对，确保在极端天气条件下设备的正常运行。该工程使我们在城市低碳供热领域建立了良好口碑，巩固了在低碳智慧城市供热领域的领先地位，近期又成功获取天津陈热集中供热低碳提升总承包工程。

初心领航，乘风破浪，城建院党支部以党建引领文化赋能，秉持转型破局的初心使命，增强党员的使命担当，在企业转型发展的重要关头，做到挑战面前不回避、问题面前不推脱、困难面前不退缩，形成了立足一线、开拓创新、求真务实、追求卓越的部门文化。在文化的感召下，城建院与地方政府、项目公司、全过程咨询单位等形成高度信任和良好互动局面，同时深挖存量项目，拓展增量项目。北京市四大热电中心和华北电网等一批项目的相继完成，2023年合同利润均创新高。未来，城建院党支部还将一如既往地坚持践行央企责任、服务国家战略，致力于为能源转型、双碳目标实现、绿色发展及生态文明建设做出更大贡献。

执笔人

贾丹瑶　华北院低碳城建研究院（双碳数字城市研究中心）党支部书记、副总经理

评语　华北院低碳城建研究院（双碳数字城市研究中心）党支部抓住“文化”这个着力点，通过企业文化铸魂、和合文化聚力、美学文化赋能、精品文化提质四个维度，推动党建在改革转型、促进业务拓展中发挥引领保障作用，推动了“以文化赋能高质量发展”“以工程为世界塑造美”等企业发展重点任务的落实。

擦亮“五维党建”特色品牌 书写高质量发展“党建答卷”

广东院党委

摘 要

近年来，中国能源建设集团广东省电力设计研究院有限公司（以下简称“广东院”）党委坚持以习近平新时代中国特色社会主义思想为指导，深化实施广东院“12346”发展思路，以系统思维理念，成功打造并持续擦亮广东院“五维党建”特色品牌，全力推进企业党建工作向着“价值化、品牌化”方向发展，切实提高党委“把方向、管大局、保落实”的定力和能力，增强企业党组织和党员干部思想上的统一、政治上的团结、行动上的一致，为实现企业高质量发展强根铸魂、保驾护航。

广东院党委自发布实施“五维党建”特色品牌以来，不断深化品牌内涵，围绕政治建设、思想建设、组织建设、融入内嵌、人文关怀五大维度，积极应对新时代企业发展各项挑战，切实以高质量党建引领高质量发展。

一、持续高举“思想”旗帜，答好对党忠诚的“政治卷”

广东院党委高举习近平新时代中国特色社会主义思想伟大旗帜，坚守“央企姓党”的政治本色，坚决把政治责任摆在首位，把发展责任扛在肩上，将政治建设成果切实转化为推动企业高质量发展的红色动能。

强化政治意识，把稳发展方向。坚持“第一议题”制度，建立传达学习有载体、研究部署有目标、贯彻落实有举措、报告反馈有成效的“四有”机制。党委班子成员在学习中结合公司重点任务进行充分研讨，并对相关工作进行部署，定期总结研究贯彻落实情况，确保习近平总书记的重要讲话和重要指示批示精神及时有效落地落实。

强化政治责任，筑牢发展基石。坚持两个“一以贯之”，完善公司治理结构体系，持续推动董事会规范、高效运行，不断推进党委“把方向、管大局、保落实”，董事会“定战略、作决策、防风险”和经理层“谋经营、抓落实、强管理”的有机统一。积极推动重点领域的党组织设置，先后成立青洲一、二期海上风电EPC项目部党支部（大型总承包项目党支部）、广东天汇储能科技有限公司党支部（混合所有制子公司党支部）和某境外党支部，明确党组织在子公司法人治理结构中的法定地位，实现党政一肩挑。

强化政治担当，践行发展使命。深入贯彻党的二十大关于加快建设世界一流企业的重大部署，聚焦提高企业核心竞争力和增强核心功能，主动融入能源安全新战略，推动能源绿色低碳高质量发展，加速推进一体化与城市基础设施融合互通等新产业发展，企业发展保持良好态势。

二、持续打造“信念”学堂，答好凝心铸魂的“思想卷”

广东院党委高度重视党的创新理论学习、理想信念教育和改革发展形势任务教育，不断增强广大党员干部贯彻党中央和上级精神的自觉性和责

开展党内集中教育学习

任感，确保上级党委和公司党委提出的新理念、新思路、新要求能够真正入脑入心入行。

党的创新理论武装分层分类。公司党委按季度印发党委理论学习中心组学习重点，编制《党委中心组学习材料汇编》，精选学习专题，坚持以上率下、示范带动，高标准开展集中学习、交流研讨等每个环节，不断提高理论水平；党群工作部印发双月党支部学习计划，以党支部“三会一课”为抓手，组织党员学习党的创新理论，有效实现全覆盖。

党内集中教育走深走实。公司党委高起点谋划、高标准推进、高质量落实近年党内集中教育，坚持“关键少数”示范带动“绝大多数”，围绕中心工作和改革发展大局，坚持把集中教育同贯彻落实党中央决策部署，同破解改革发展稳定突出问题和党的建设紧迫问题结合起来，不断增强党内集中教育针对性、创新性、实效性，实现统一思想、凝聚力量的目的。

形势政策教育抓常抓长。突出主题宣传，积极宣贯新时代国资央企的新使命新定位和两级集团的发展战略；突出深入一线，公司领导班子成员深入项目现场，与一线职工进行面对面交流，讲清企业发展形势，澄清模糊认识、明确工作方向；突出全员参与，各党支部结合实际，通过座谈会、交流会、研讨会等形式，充分交流思想认识，广泛征集意见建议，达成攻坚克难共识。

三、持续筑牢“战斗”堡垒，答好支部建设的“基础卷”

广东院党委扎实推进基层党建提质增效“七抓”工程，持续加强党支部标准化规范化建设，进一步夯实党建基础，提升基础党务工作效能。

织密建强基本组织。坚持“四同步、四对接”，在企业深化改革过程中建立完善党的组织，规范设置不同类型的党支部，构建起从党委到基层、从国内到境外的严密组织体系，确保企业发展到哪里党的建设就跟进到哪里。

选优配强基本队伍。成功筹办广东院第二次党代会，圆满完成公司党委和纪委换届选举工作，为充分发挥党的领导作用，推进全面从严治党提供坚强保障。持续优化支部班子，配强“三懂三会三过硬”的党支部书记，强化纪检委员的任职要求。

健全完善基本制度。全面梳理公司以政治建设、思想文化建设、基层

召开广东院第二次党代会

组织建设为主体的三类党建制度，分类推进党建制度“废改立”工作，进一步健全完善内容科学、程序严密、配套完备、运行有效的党建制度体系，推进管党治党常态化、长效化。

四、持续实施“内嵌”工程，答好赋能发展的“价值卷”

广东院党委持续完善党建工作与发展、改革、管理“四位一体”推进机制，以党建聚人心、促生产、强管理，以融合产生乘数效应，创造更大价值，让党建工作成为看得见的生产力。

强化顶层设计，做到治理融合。一是加强党的领导。全面落实公司党委和独立法人子公司党支部“党建进章程”。二是完善顶层设计。坚持将党建工作纳入企业发展整体规划，修订完善党委全面从严治党主体责任清单，系统抓好年度党建工作的谋划部署、督促实施、考核评价，开展党建七大行动，制定相应实施方案，为公司党建工作谋篇布局、指明方向。

深化重点实施，做到载体融合。一是坚持围绕中心抓党建、抓好党建促发展，聚焦“三大”行动部署党建工作，广泛开展内外部联学联建·融通融合“六个一”主题行动，以信息沟通、机制建设、行动协同为措施，

开展主题教育联学联建活动

贯通信息、资源、市场三要素，实现从“党建结对”走向“实质合作”的共赢局面。二是坚持把生产经营重大任务攻坚作为检验初心使命、体现责任担当的重要战场，创建党员示范岗40个，党员责任区23个，党员突击队63个，充分发挥内嵌融合在生产经营管理链条上的党建单元作用。三是探索党建创新实践路径，成功孕育出“党建+五强五红”项目党建模式、“党建七彩文化”理念等党建特色成果，有力促进工程项目建设高质量发展。

狠抓责任落实，做到机制融合。一是在明责压责上下功夫。建立完善党委主体责任、书记第一责任、纪委书记监督责任、其他班子成员“一岗双责”的“四责协同”的责任运行机制，形成一级抓一级、层层抓落实的党建工作格局。二是在考责问责上下功夫。动态优化考核指标体系，强化党建与生产经营管理深度融合措施和成效的考核，将党建考核结果与干部考评、部门/分子公司绩效考核、党内评先评优衔接联动，推动党建工作成为“硬约束”。

五、持续建设“同心”家园，答好凝心聚力的“品牌卷”

广东院党委坚持和加强党对宣传思想工作的全面领导，旗帜鲜明坚持

党支部在党员之家开展党建活动

党管意识形态、党管宣传，不断健全企业文化体系，以创建“全国文明单位”为契机，不断增强文化软实力。

打造文明实践基地。建成广东国资央企首个“新时代文明实践基地”，打造“四个之家”（党员之家、职工之家、团青之家、妇女之家），探索“文明实践+党群服务”融合发展新途径，以品牌化发展思路助推企业精神文明建设再上台阶。

提升内外宣传成效。企业微信订阅号传播力稳居集团内部新媒体指数榜第一方阵，多个融媒体作品“刷屏”朋友圈。《同心同行|企业文化社区》尝试栏目化、图片式等新的表达方式，打造了一批广受员工好评的IP，多份精品报道深入人心。2023年创办“南方能源建设”微信订阅号，影响力逐步上升。

传递关心关爱温暖。深入实施“健康能建”行动，全面加强干部职工健康管理；建成职工心理健康关爱室，开展“心灵关爱日”活动，日益关注职工心理健康；聚焦职工群众急难愁盼的问题，用心办好事办实事，不断提升广大职工的满意度和幸福感。

广东院党委将持续强化党建工作的前瞻性与可持续性，推动“五维党建”特色品牌向更高层次、更广领域拓展。通过持续优化党建工作内容与方法，广东院不断加强党建与企业发展战略紧密衔接，进一步实现二者深度融合与相互促进。近年来，广东院连续5年荣获“中国能建最佳经济效益奖”，连续6年党建考核获评“A级”，企业品牌价值不断提升。未来，广东院将进一步开展党建工作创新与实践，积极探索适应新时代要求的党建新模式，不断提升党建工作的实效性和影响力，为企业的持续高质量发展提供坚强的政治保障。

执笔人

彭　娜　广东院党群工作部党建室副主任（主持工作）

点评 广东院党委从政治建设、思想建设、组织建设、融入内嵌、人文关怀五大维度，打造“五维党建”特色品牌，全面展示了在党建工作中的创新与实践。通过高举思想旗帜、打造信念学堂、筑牢战斗堡垒、实施内嵌工程、建设同心家园等举措，广东院党委不仅增强了党组织的凝聚力和战斗力，还切实将党建成果转化为推动企业高质量发展的强大动力。

“闯海”踏浪　跑出海风建设“加速度”

广东院“闯海战役党员突击队”

摘　要

中国能源建设集团广东省电力设计研究院有限公司（以下简称“广东院”）“闯海战役党员突击队”，于2022年依托国家电投揭阳神泉二350 MW海上风电项目增容项目成立。在项目建设过程中，广东院“闯海战役党员突击队”聚焦“坚持党建引领全力打造海上风电行业新标杆”这一核心任务，紧扣“工作机制融合、目标措施融合”，组建“创新设计攻坚分队、设备催交攻坚分队、进度保障攻坚分队、数字海风攻坚分队”，勇创“设计创新新纪录、设备建造新纪录、项目工期新纪录、项目荣誉新纪录”。在决胜的215天奋战中，突击队主动克服新机型供货难度大、粤东地区海况和地质条件复杂、施工窗口期短以及疫情影响等困难，激活“红色动能”，充分发挥党员的先锋模范作用和突击队聚力攻坚作用，推动项目建设跑出“加速度”。

广东院总承包建设的国家电投揭阳神泉二350 MW海上风电项目增容项目是截至项目竣工时全球商用最大单机容量风机投运的海上风电项目，是广东省海上风电“平价时代”首批重点项目。该项目计划工期11个月，面对台风和疫情的影响，完成高强度建设任务具有巨大的挑战性。广东院“闯海战役党员突击队”的党员们不辱使命，坚持党建引领项目高质量履约，探索项目建设和项目党建的融合路径，充分发挥突击队党员骨干冲锋在一线作用，积极发扬广东院“创新先行 精心专注”的企业精神，依靠“不畏艰难、敢打硬仗”的拼搏劲头，全力攻坚海上风电建设中的难关难题，最终实现了年内高效率、高质量、高标准的建设目标，打造了一个“安全、智慧、绿色、高效”的海上风电场，创造了“当年签约、当年开工、当年全容量并网”的海上风电建设奇迹，获得了项目各方的高度认可和钦佩。

一、聚焦“一核心”，迅速集结当先锋

聚焦“一核心”，即全力打造海上风电行业新标杆这一核心任务，广东院党委展现出高度的政治责任感与使命感，迅速集结各方精英力量，成为驱动项目破浪前行的领航先锋。

随着国家电投揭阳神泉二350 MW海上风电项目增容项目的正式开工

神泉二项目党员突击队

建设，面对突如其来的疫情挑战及台风等不可预测的自然灾害双重考验，广东院党委非但没有丝毫退缩，反而以此为磨砺之石，更加坚定了党建引领的决心与加大了党建引领的力度。广东院直属的发电工程管理党支部迅速响应，成立了一支由党员骨干组成的突击队，他们挺身而出，勇挑重担。突击队围绕核心任务，精心策划并实施了“闯海战役·党旗飘扬在一线”的工作方案，明确突击队及每名党员在项目建设中的具体目标和责任，还通过一系列创新举措，如设立党员责任区、开展技术攻关竞赛等，有效激发了团队的凝聚力和战斗力，为高效推进项目建设提供了坚实的组织保障和强大的精神动力。

二、紧扣“两融合”，双管齐下促落实

广东院“闯海战役党员突击队”坚持党建与工程建设深度融合的工作理念，以项目导向模式为抓手，加强工作机制融合和目标措施融合，高质量推进工程建设。

抓工作机制融合。坚持党建工作与项目建设同谋划、同布置、同推进、同考核，构建“目标同向、措施同行、激励同步”工作机制，推行党建+安全、党建+进度、党建+质量等“党建+”工程系列融合带动机制，推动党建工作与项目建设目标任务、工作过程和考核评价上的深度融合。

抓目标措施融合。聚焦“清单式”管理，科学策划劳动竞赛活动，锚定投产并网时间，倒排时间节点，划分好党员突击分队，细化目标任务，明确考评方式；聚焦“项目化”推进，制定里程碑计划，党员突击队分队队长每周召开一次协调推进会，以党建联学形式加强各方交流，共同协调处理重要技术问题和推进难点；聚焦“全覆盖”督查，强化党员带头，抓牢安全生产，将日常巡查和专项检查相结合，确保项目有力推进。

三、组建“四分队”，攻坚克难勇担当

广东院“闯海战役党员突击队”创新开展“攻坚先锋”行动，针对工程建设的重点环节进行攻坚突破，怀着“务期必成，到点交卷”的坚定信念，充分发挥突击队的战斗力和执行力。

创新设计攻坚分队，充分发挥设计龙头作用。大胆创新不断突破，全面掌握全国范围施工船舶等关键数据，深入研究适用于各种风机和基础施工方案，针对海上升压站设计采用数字化三维设计技术，采取了电气主设备侧方位滑移进仓的方式，为升压站整个模块大合拢节省时间，设计进度大大提前。

设备催交攻坚分队，充分利用前置管理。提前到风机供应链上游的大部件制造厂商进行“末梢”管理，做到随时掌控质量进度，形成了遍布全国的催交监造一张网，避免在后续整机组装环节断供。

进度保障攻坚分队，科学利用时间管理。统筹项目总进度，严格按照“一机一方案”筹备施工进度，有效抓住施工窗口期，采用数字可视化进度图、桌面推演等方式，突破各性能极限的困境，开创了裸机和叶片“流水化”作业方式，取得单月完成20台风机吊装的突破性进展。

数字海风攻坚分队，创新利用智慧管理。实现了设备生产、施工作业“一张图”智慧管理功能，大大提升了项目进度管理、过程追溯、专项研讨等事项的效率。神泉二海上风电智慧工地管理系统被作为建设亮点，多次对外宣传展示，受到了省能源局等相关领导的高度评价，并获得广东院“先进数字化创新团队称号”。

四、勇创“四纪录”，提质增效促发展

广东院“闯海战役党员突击队”以实际行动迎难而上，在奋勇前行中抢时间提效率，不断攀越高峰，为项目建设提质增效，屡创新纪录。

项目设计创造新纪录。国家电投揭阳神泉二350MW海上风电项目增容项目（以下简称“神泉二项目”）为全球首个11 MW级大型风电机组商业化投运的深水区海上风电场，完成了多项首创成绩：首次采用直径10.5 m单桩基础，首次在海上风电使用阻尼器解决深水区大兆瓦机组摆幅大带来的塔筒动荷载大及疲劳问题，在南网区域首次采用66 kV集电海缆，推行海上升压站标准化、轻量化，快速适应海上风电行业平价上网政策需求，切实有效地提高建设效率，解决了施工难点。

截至项目竣工时（2022年）国内最大单桩

设备建造创造新纪录。设备催交攻坚分队在克服了大部件供应链条长地域分散、大部件产能饱和、疫情封控等多重困难后，主动出击协调跨地域运输保供应，封闭驻厂两个月保生产，最终创造了5个月建造一座升压站、45天建造一座升压站导管架、4个月制造50根单桩等一系列神泉建造速度。

项目工期创造新纪录。神泉二项目从EPC合同签订到按期全容量并网，仅用了不足300天的时间，创造了当年合同签订，当年设备招标，当年项目开工，以及当年全容量并网的神泉奇迹。该项目预计年发电量将

升压站上部组块成功发运

达到10亿度以上，每年可提供清洁电能17.43亿千瓦时，减少二氧化碳排放约140万吨，为粤东经济低碳发展、广东省加快实现碳中和目标注入新动力。

项目荣誉创造新纪录。广东揭阳神泉二项目是国内乃至国际海上风电机组大型化应用和产业高质量发展的里程碑示范项目。央视《大国建造》《朝闻天下》先后报道了神泉二项目，用镜头记录下了"闯海战役党员突击队"在浩瀚无际的南海中迸发出与海风赛跑的速度和激情；揭阳市总工会授予神泉二项目"揭阳市五一劳动奖状"，并多次在揭阳广播电视台报道。同时，该项目还获得了集团"先进集体"荣誉称号，项目经理何润财获得集团"十大杰出项目经理"殊荣。

旗帜无声，却能鼓舞磅礴斗志；堡垒无言，却能凝聚强大力量。在广东院党委的正确指导下，神泉二项目建设过程中始终坚持党建引领，着力推进党建工作与生产经营工作任务衔接、过程融合、落实同步，以党员先锋们的担当和汗水，保障项目顺利并网，激活了党建工作的"神经末梢”，彰显了党建工作的价值创造。一个个内嵌融合在工程项目建设一线链条上的党建单元，引导广大党员牢记初心使命，时刻冲锋在前，为助力中国能建“四大转型”、中电工程“两商”战略，推动广东院高质量发展不断注入“红色力量”！

执笔人
彭　娜　广东院党群工作部党建室副主任（主持工作）
李　煌　广东院党群工作部党建室党建专责

点评 广东院通过组建“闯海战役党员突击队”，紧扣“工作机制融合、目标措施融合”，充分发挥党员的先锋模范作用和突击队聚力攻坚作用，推动了项目的高质量建设，实现了“坚持党建引领全力打造海上风电行业新标杆”的工作目标，为“党员突击队”模式应用和项目党建品牌打造提供了优秀示范。

“四联通”绘就党建创效同心圆

中电工程国际公司党委

摘　要

中国电力工程顾问集团国际工程有限公司（以下简称“国际公司”）党委以“坚持党的领导，加强党的建设”为“圆心”，以“硬联通、软联通、心联通、情联通”为四条“半径”，以“党建与企业治理相融合、与公司内部管理相融合，与公司企业文化相融合、与海外跨文化交流相融合”为着力点，把党建工作延伸到企业管理各个环节，融入公司日常工作之中，形成党建引领公司国际业务高质量发展“同心圆”。

自重组成立以来，面对复杂的国内外经济形势和繁重的经营发展任务，中电工程国际公司党委紧紧围绕国际经营管理的重点和难点，不断提升党建价值创造能力，带领全体员工锐意进取，奋力突围，圆满完成各项目标任务，实现了“一年求发展、二年上台阶”的阶段性目标，迈入了持续健康发展的良性轨道，取得了国际业务发展与党的建设“双丰收”。

一、融入治理，实现“硬”联通

从成立之初到日渐成熟，国际公司党委始终发挥把方向、管大局、保落实的作用，保持了一张蓝图绘到底的干劲，确保了公司在较短的时间内实现盈利。

发挥领导作用。近来，国际环境日趋复杂，海外市场竞争激烈，公司党委紧跟政策把准“大方向”，从工作重点、难点、卡点入手，全力做好员工的主心骨。公司牢固树立“党建就是生产力”的工作理念，坚持“一盘棋”科学谋划，把党建工作融入公司章程、融入“十四五”发展规划、融入“12345发展举措”顶层设计，发挥党建工作助推企业发展的“向心力”。公司成立近三年来，党建工作实现“一年塑形、两年健体、三年铸魂”，企业发展呈现稳健经营态势。

完善治理体系。借助改革重组的契机，国际公司不断完善法人治理结构，制定并严格执行党委会、董事会、办公会等重要会议议事规则；将党建工作写入公司章程，规范“三重一大”议事规则，落实党委在企业治理

召开中电国际公司党员大会

结构中的法定地位。

提高治理能力。国际公司不断加强班子“三力”建设，增强班子成员的专业水平和决策能力，提高决策水平和决策效率；加大对商业模式创新、联营体项目管理、海外并购业务等重点领域的治理研究力度，全面提高治理能力。

二、助推管理，推动“软”联通

国际公司党委以“党建引领治理”为切入口，最大限度凝聚基层治理合力，促进基层基础工作、组织活力、人力资源、风险管控等全面进步，引领企业“强基提能”合规运作。

优化组织管理方式。成立伊始，国际公司全面开启北京、上海双城办公，各方面亟须理顺。公司党委大力推进作风建设，持续提升工作效率效能和服务水平，强化服务，务求实效，“真抓实干、马上就办”在公司蔚然成风。为加强北京、上海两地往来交流力度，促进团队融合，建立起在京领导及部门负责人定期赴上海办公、在沪部门负责人定期赴北京汇报工

“青年突击队”授旗仪式

作机制。“人在一起是聚会，心在一起叫团队”，公司两地员工有效做到资源共享，经验互补，最大限度发挥团队的效能。

搭建职业发展通道。作为一家从事国际业务的企业，员工来自五湖四海、四面八方。考虑到大家的工作经历和背景各不相同，公司在人力资源管理中，为每个关键岗位梳理核心能力，为每名员工做全方位能力测评和个人职业规划，实现人岗匹配最佳效能。定期组织员工“走出去”，加强与行业“头部企业”对标，让员工在贴近客户和市场中不断开阔视野、拓展思路。

筑牢合规经营防线。“无规矩不成方圆”，守规矩是公司不惧风浪、与时俱进的基石所在。公司不断健全法治、合规、内控、全面风险“四位一体”大风控体系，增强发展的底线意识和抗风险能力；加强境外风险管控，对境外投资、招投标、融资、财务管理、采购、安全生产等重点业务领域，逐项评价合规指标，查不足、补短板，企业总体实现了健康运行。

“绿色低碳，携手向前”徒步活动

三、凝聚力量，做实“心”联通

国际公司党委结合各个生产阶段的任务，用各种主题活动作为载体，号召党员群众立足岗位主动作为，鼓励每个人做发光发热的“螺丝钉”，让每一个微小的力量都被看见、被影响，汇聚成助推企业经营的强大动力。

先锋引领攻坚克难。今年年初，公司启动“比贡献、比尽责、比担当”活动，为中东区域项目攻坚“党员突击队”、菲律宾三描礼士省光伏总承包项目部“青年突击队”举行了授旗仪式，以“头雁效应”激发“群雁活力”。授之以“旗”亦是授之以“祺”，旗帜承载着公司对党员干部的期许和信心，激励着广大员工积极进取，勇于担当。

多措并举心系员工。从员工加入的那一刻起，公司全方位的关心与关怀便贯穿于各个环节，为其成长与发展提供坚实支撑。思想分析会、谈心谈话、新春慰问、三八妇女节主题文艺活动、五四青年节主题团日、“平安度夏送清凉”、中医义诊、红色观影、冬季登山、慰问因病住院员

开展文化交流活动

工……多元化活动让员工们在身心愉悦中感受到企业浓浓的人情味，在公司上下形成了爱岗敬业、自觉付出、认真工作的氛围。

助力青年成长成才。国际公司员工平均年龄38岁，是一支妥妥的青年主力军。针对这一特点，公司有针对性地做好年轻人思想引领工作，做青年员工的知心人、热心人、领路人。定期召开青年员工座谈会，班子成员与北京、上海两地员工聊成长与收获，谈理想与困惑，引导年轻员工建功立业。这种形式真正把思想政治工作融入日常工作生活的点点滴滴，起到了凝心聚力的作用。

四、交流文化，注重“情”联通

一直以来，国际公司党委以文化理解互鉴推动业务发展，将文化融合和跨文化管理作为国际化发展的重要抓手，为促进中外民心相通贡献央企力量，助力国际化事业实现健康快速发展。

促进中外交流互鉴。在“走出去”的过程中，国际公司与合作伙伴、政府部门等不断开展联建共建活动，以共建助推公共关系建设。组织开展联谊比赛、传统节日联欢、义务植树等丰富多彩的互动活动，搭建与政府沟通交流的平台。公司常态化向东道国政府汇报项目建设情况、履行社会责任情况，通过“串串门”，真实呈现国际公司担当，促进业务合作。

推进文化情感融合。公司倡导员工自觉加强跨文化管理与实践，在尊重差异、包容多样的基础上加强文化交流、融合与互鉴，促进中外员工和谐共处、团结共事。在春节、中秋节等中华传统节日，西班牙公司、菲律宾项目部等组织中外员工大联欢，邀请外籍员工挂灯笼、贴春联、写福字、剪春字、吃饺子，体验中华传统文化的独特魅力。

履行央企社会责任。环境、社会和治理（ESG）已成为中央企业海外发展的重要指导原则。作为“走出去”的央企，公司在海外合作项目秉持可持续发展理念，保护生态环境，助力当地绿色发展；菲律宾项目部多次帮扶当地小学，为孩子们送上爱心书包、学习文具等；埃及康翁波项目部为当地民众捐款捐物……这些义行善举在当地得到了广泛的社会赞誉，树立起“国之大者”的良好形象。

中电工程国际公司党委始终聚焦主责主业，将党建工作“硬联通、软联通、心联通、情联通”与生产经营各项工作相结合，持续推动“本部+”模式，聚焦高端咨询与投融资两项核心业务，积极推动“能源+”“数字+”“绿色低碳+”产业跨界融合，引领中电工程各所属企业国际业务协同跑出“加速度”，国际业务经营指标取得大幅度增长。国际公司党委将继续秉承“围绕中心抓党建、抓好党建促发展”的理念，进一步巩固“四联通”党建工作法，紧紧围绕“一库”“两商”工作目标，以一流党建为引领，提高国际业务价值创造能力，为企业高质量发展保驾护航。

执笔人

李　杨　中电工程国际公司办公室（党群工作部）主任助理、党务室主任

朱海淼　中电工程国际公司办公室（党群工作部）主管

点评　自2021年底重组以来，中电工程国际公司党委紧扣企业经营管理的重点和难点，以党建为核心，以“硬联通、软联通、心联通、情联通”的“四联通”为路径，全面推动党建与企业治理、日常管理、团队建设、海外跨文化交流相融合，在深度融合的进程中激发了党建工作的价值创造力，彰显了党组织的强大组织力，为进一步做好基层党建工作作出了生动实践。

“圆周率”工作法推进项目党建共建实现党业双驱动

山西院党委

摘　要

中国能源建设集团山西省电力勘测设计院有限公司（以下简称“山西院”）党委聚焦价值创造，找准项目党建“三抓三强四到位”的定位，坚持党建服务生产经营不偏离，探索项目党建工作新思路、新途径，提炼“三个联合、一项任务、四个基于”，创建“圆周率”党建工作法，在提升项目党建共建上发力，构建一种“平等、协商、合作、共赢”的项目党建工作机制与协调机制，积极推进党业融合创效，实现党建与中心工作的更深层次融合，在新时代背景下积极思考、勇于实践，实现优势互补、画就最大“同心圆”。

近年来，随着建设高质量发展的国际一流工程公司战略目标的确定，山西院党委聚焦党建价值创造，聚焦党建引领转型，聚焦党建助力发展，通过创建以“三个联合、一项任务、四个基于”为核心的“圆周率”工作法，以“314”绘制最大同心圆，在提升共建向心力上“花心思”，在提升共建参与度上“下功夫”，微观上打造“项目建设共同体”，宏观上塑造“企业发展共同体”，走出了一条项目党建特色之路。

一、延伸“半径”，聚焦“三个联合”创实效

国有企业作为市场经济主体，与各方都有紧密联系，国有企业党组织如何在联系中更好地发挥作用，助力形成政企共享、企企共通、各方共赢的局面，党建共建是一个有效抓手。作为中国能建“四大特色领域党建”之一，项目党建是近年来的党建工作重点，在项目全周期中，两个或多个没有隶属关系的党组织以业务、产品、服务为纽带，搭建党建共建平台，共同开展党建工作，这是各级党组织积极响应新时代国有企业党的建设总要求的一项新的实践和探索，也是确保项目管理到位，避免项目党建弱化、虚化、边缘化的有效抓手，山西院党委通过“三个联合”延伸工作半径，促进项目共建创实效。

与党建共建方签订《党建联盟意向书》

组织联建。以项目为依托，构建以产业链、供应链、创新链为纽带的党建共建组织体系，共建单位党组织联合开展理论学习、主题党日、现场调研、经验交流、业务培训和文体活动等，实现资源共享、互帮互促，发

力攻坚、形成合力。

难题联解。共建单位党组织加强沟通交流和协调配合，紧盯项目重点和攻坚任务，集思广益提出解决方案，众志成城全力攻坚落实。

工作联动。共建单位党组织以建成高质量项目为目标，在“基建攻坚、项目核准、安全生产、提质增效”中用好“区岗队组”工作载体，注重工程项目经理领衔党建，围绕项目重要任务挂牌攻坚。

二、画定“圆心”，锚定“一项任务”添动力

依托项目开展党建共建，即两个以上没有隶属关系的基层党组织，以项目建设为主体，采取“一对一”“一对多”等多种形式，共享党建资源、互促中心工作、一起服务群众，从单个党组织自拉自唱“独角戏”变为多个党组织相互配合的“集体大合唱”。山西院党委坚持以习近平新时代中国特色社会主义思想为指导，锚定“以党建共建促党业双驱动”目标为圆心，聚焦两级集团党委“三抓三强四到位”项目党建要求，积极探索项目党建共建新模式，在绿色发展、工程建设、能源保供、提质增效、科技创新等重点工作中，将组织建在项目链上、服务沉在项目链上、资源聚在项目链上、作用融在项目链上，打造独具特色、共建共享的项目党建新格局，以高质量党建引领保障高质量发展为主线，以党的领导融入企业生产经营中心工作为目标，切实将党的政治优势、组织优势转化为企业的发展优势、创新优势、竞争优势，实现党业双驱动。

三、延展“圆弧”，找准“四个基于”促发展

在“圆周率”工作法中，山西院党委找准“四个基于”，上下贯通、左右联动、内外并举推进项目党建共建，以高质量党建引领保障高质量发展。

基于中心工作的攻关“共建”——以与太原市集中供热阳曲热源厂项目六方联建为例。携手建设、业主、设计、监理、施工等责任主体单位，基于有序推进工程项目建设任务完成、加强安全质量管控的共同愿望，积极把项目参与各方的党员联系起来，以项目党建共建为纽带，形成目标一致、同向发力的工作态势。在太原市集中供热阳曲热源厂项目建设过程中，山西院党委指导发电党支部与太原市热力集团有限责任公司、山西神剑建设监理有限公司、山西四建集团有限公司、国能（山东）能源环境有限公司、中铁六局集团有限公司六家单位组建联合党支部，开展六方共建，党员们充分发挥模范带头作用，克服因施工过程中不可抗力因素需多次设计变更等突发情况，联合党支部党员与共建单位高效协同、及时配合、调整方案，确保项目顺利进行。

基于共享互促的主题“共建”——以与国网山西建设分公司项目管理党支部共建为例。近年来，在全面从严治党新形势下，围绕党的建设新的伟大工程，“不忘初心、牢记使命”主题教育、党史学习教育、学习贯彻习近平新时代中国特色社会主义思想主题教育等相继开展，山西院党委指导电网党总支与国网山西建设分公司项目管理党支部开展党建共建，着力

开展六方共建

搭建支部结对共建常态化、长效化机制，形成优势互补、互相促进、共同提高的党建、项目建设新格局。从2021年至今，已分别开展了“凝心聚力强党建 携手互促铸精品”“旗帜领航夯基础 提质登高建新功”“联学联建 融通融合”“健康运动激活力 联盟共建促发展”等共建活动，以党建通带动人心通、项目通，在“党建+项目”建设方面，给出一个“党建+方案”，保障工程项目建设，全面提高电网建设管理水平，建设高品质工程。

基于功能互补的开放“共建”——以与山西低碳环保产业集团“双促双进”四方共建为例。为了补齐短板、增强活力，山西院与山西低碳环保产业集团通过党建共建，形成资源互通、功能互补、服务互帮格局，在相互了解中放大项目管理效应。通过党建资源融合，加强和密切业务合作，把党建融合优势转化为参与项目建设各方攻坚克难的合力优势。在最新合作跟踪的“上党地区散煤清零项目”“浮山尾矿库项目”中，山西院党委指导环境与水务党支部、光华党支部迅速与山西低碳环保产业集团第三、

开展“党建红引领环保绿”共建活动

第四党支部结成“四方联盟”，选择在项目所在地上党地区的长治武乡开展“党建红引领环保绿”共建活动，四方进行深度交流，确定整体目标，拓展合作模式，共同跟进项目，并以此为契机，就业务方向、有关项目进行沟通，对后续合作起到了“双促双进”的作用。

与“共和国勋章”获得者申纪兰、当地政府主管单位人员在一起

基于盘活资源的地企“共建”——以林州红旗渠项目党支部与当地政府相关部门开展党建共建为例。林州市旅游通道综合改造提升PPP项目是山西院作为项目牵头方开发并实施的首个非电PPP项目。林州红旗渠项目党支部充分利用当地红色资源，以“地企联建，党建共建”为抓手，通过“内修外联”的党建模式，积极联系当地政府相关部门共同开展多次大型红色教育党建共建活动，在活动中加强与政府部门的沟通，增进互助互信，凝聚合力。一期工程8个子项目全部建设完成，顺利进入运营期，获得了林州市政府的高度认可，项目党支部书记荣获林州市政府颁发的“红旗渠精神奖”。

“圆周率”工作法找准项目各方利益的共同点和切入点，引导项目各方逐步形成“发展共同体”意识，以平等、协商的姿态，以合作、共赢的目标，创建一种常态化的、横向协作的工作机制，共绘“同心圆”，实现党业双驱动。山西院党委将继续探索项目党建共建模式，努力打造组织联建、党员联管、活动联办、共创共赢新局面，推动更多“品质项目、安全项目、效益项目”的建设，进一步提升党业融合创效能力，拓展党建价值创造力。

执笔人
李晓峰　山西院党群工作部副主任
蔡晓燕　山西院党群工作部副主任科员

点评 山西院党委总结出的“圆周率”工作法，以党建为主题，以项目为依托、以共建为载体，搭建了项目各相关方的联学联建、融通融合的桥梁和纽带，实现了从项目通到党建通，再到思想通、人心通、文化通的转变，为提升项目质量提供了坚强保障。该工作法的成功创建，也为推动基层党建与生产经营的深度融合提供了有益的借鉴和参考。

“丝路党建”引领国际业务行稳致远

山西院党委

摘　要

坚持党的领导、加强党的建设是国有企业的“根”和“魂”。中国能源建设集团山西省电力勘测设计院有限公司（以下简称“山西院”）党委坚持以习近平新时代中国特色社会主义思想为指导，按照新时代党的建设总要求，积极开拓境外党建与国际业务深度融合的工作思路，打造以“实施‘三大工程’、加强‘四大建设’、开展‘四项行动’”为体系的“丝路党建”品牌。近三年国际化经营指数持续提升，已交付项目均达到预期利润目标值。党建领航促进高质量履约，成为山西院加快“走出去”步伐，引领国际业务行稳致远的助推器。

作为中国能建国际业务龙头企业，山西院党委积极响应共建“一带一路”倡议，深度融入“一体两翼”国际业务发展大局，全面推进国际业务优先优质协同发展。目前，山西院国际业务地域涉及泰国、越南、新加坡、韩国、阿曼、文莱等国家，业务范围遍及地面及水上光伏、陆上及海上风电、储能、市政建筑等多个领域。随着国际业务的不断扩大与深入，“走出去”能不能“站得稳”“立得住”，境外党建工作实力强不强、党

参加中国能建第四届进博会集中签约仪式暨首届战略供应商大会

组织的力量是否得到最大限度发挥起着至关重要的作用。因此，山西院党委充分考虑发展需要和工作实际，打造了以“实施‘三大工程’、加强‘四大建设’、开展‘四项行动’”为体系的“丝路党建”品牌，通过有效方式为国际业务蓄势赋能，推动境外党建与业务发展互促共融，推进企业在践行国家“走出去”战略中实现高质量发展。

一、实施“三大工程”，筑牢发展根基

加强党的领导，实施“责任落实工程”。山西院党委以战略性思维推动境外党建顶层设计，立足实现“三个最大化”（即利润贡献最大化、社会效益最大化、国际影响力最大化），结合企业发展实际，采用“党委统一领导、国际工程党支部和工程承包党总支联合指导、境外党组织具体实施”的方式，通过同步落实党建工作责任制，形成齐抓共管、上下一致、效能突出的海外党建工作体系。

加强具体指导，实施“机制构建工程”。紧紧围绕国际业务优先优质协同发展战略，在认真分析企业国际业务不断扩大所面临的复杂环境、境外党建存在的客观问题等方面的基础上，结合上级党委工作要求，坚持党

组织机构不公开、党员身份不公开、党内职务不公开、党内活动不公开、党内文件不公开“五不公开”的原则，制定《关于进一步加强境外党建工作的指导意见》，细化五项重点工作，明确海外党建工作责任，构建科学有效的境外党建工作机制，为国际业务稳定发展打牢坚实基础。

加强人才培训，实施“素质提升工程”。聚焦培养契合企业发展战略的国际性人才，山西院积极开展国际业务人才培训，注重党建业务复合型人才培养，通过组织参加中国能建研修班、举办中层干部“领航”培训等，以专题授课、行动学习、实地考察等方式增强国际业务知识的系统化、科学化和丰富化，不断提升从事国际项目人员的综合素质和业务能力。

二、加强“四大建设”，积蓄发展动能

强化政治建设，铸牢忠诚之心。组织境外党员集中学习习近平总书记重要讲话、重要指示批示精神。其中，紧密结合习近平总书记关于对外开放的重要论述，围绕“科学布局、重点深耕、融资赋能、高质履约四大核心，稳步筑牢国际业务核心发展能力”开展深入研讨。同时，境外党员紧密结合新时期、新阶段国际业务发展，围绕“在错综复杂的国际环境下如

围绕国际业务开展“人人讲、大家谈”学习研讨

何坚定信念”“为什么我国的开放大门会越来越大”和“经济全球化不可逆”三大主题，开展“人人讲、大家谈”学习研讨，用实际行动增强“四个意识”、坚定“四个自信”、做到“两个维护”。

强化组织建设，夯实强基之本。为进一步加强党的领导，落实“四同步”“四对接”，提升境外党建工作水平，服务和保障高质量发展的国际一流工程公司的战略实施。近两年，山西院党委结合国际项目执行工作实际，相继成立了驻某国临时党支部和某项目临时党支部，分别选配了党支部书记和支部委员，并制定了相关工作原则和管理要求，为国际项目的顺利开展“保驾护航”。

强化制度建设，规范工作之基。科学规划境外公司党建工作“路线图”和“任务书”，编制《山西院党委关于加强海外项目党建工作的指导意见》，明确境外项目党建工作的重大意义、工作原则、主要任务和监督执行等24项有关内容，确保境外项目党建工作规范开展、有序推进。

强化队伍建设，凝聚发展之力。山西院党委高度重视在国际业务发展中培养青年人才，目前国际业务团队共计80余人，均为80后、研究生学历。为进一步做强做大国际业务，山西院党委着重在国际项目一线发展党

阿曼Manah II光伏发电项目光伏场区正式开工

员，并把党员示范带头作用与培养综合性青年人才有机结合，选派优秀青年党员到海外市场开发前沿、海外项目部一线岗位锻炼。通过全方位参与、全过程实践，培养一批能吃苦、肯奋斗、综合素质高的青年人才，由青年党员牵头，成功开发和执行阿曼Manah II 光伏发电、长安汽车泰国制造基地EPC等多个重大项目。

三、开展“四项行动”，彰显央企担当

开展“党员攻坚行动”。新冠疫情防控期间，为确保海外一批项目顺利并网发电，在越南新顺海上风电、泰国乌塔堡综合能源等多个项目部，党员干部带头长期驻扎项目一线，带领团队成员大力开展“攻坚行动”。通过采取“组织协调、分工协作、抱团作战”的方式，充分发挥主观能动性，积极克服因疫情产生的项目设计、设备采购、物资运输、现场施工进度之间的多重矛盾与冲突，有力推进了项目的顺利开展。

开展“央企履责行动”。山西院积极投身海外绿色低碳项目建设，通过越南富安、新加坡浮体光伏、柬埔寨地面光伏等一批项目的高质量履

在柬埔寨39 MW光伏项目所在地班迭棉吉省开展捐赠活动

约，助力当地构建循环发展经济模式，改善了当地居民生存条件和生活环境，传递了绿色、低碳、环保理念。同时，秉承“干一个项目，递一张名片，留一份温暖，尽一份责任”的企业文化精神，境外项目部连续三年相继在泰国、越南、柬埔寨等国家的医院、学校开展了公益捐赠活动。

开展“心理关爱行动”。为帮助长期在外人员以正确的方式缓解身心压力，以更加积极向上的态度和情绪快乐工作、健康生活，山西院党委通过定期开展心理辅导讲座、“心灵互动讲堂”、海外项目“送温暖”等活动，使海外党员干部职工深刻感受公司的人文关怀，提升了干部职工身心健康和工作效能，促进企业和谐、稳定、可持续发展。

开展“品牌宣传行动”。围绕践行共建“一带一路”、国家绿色低碳战略等重大事件，山西院党委积极策划宣传主题，在更高层次、更广平台讲述企业“海外故事”。泰国诗琳通大坝浮体光伏综合能源、新加坡腾格水库浮体光伏等多个项目受到人民日报、CCTV等国内主流媒体和国外权威媒体的高度关注；2023年10月18日，山西院总承包的阿曼Manah II光伏发电、新加坡裕廊岛储能、越南嘉莱风电等多个项目亮相第三届“一带一路”国际合作高峰论坛，用品牌塑造全面提升企业知名度，以实际行动“电亮”能建品牌。

在“丝路党建”的引领保障下，山西院打造了一系列优质海外建设项目，荣获多个国内外工程奖项，被授予中国能建“国际业务优先优质协同发展企业”“国际业务龙头企业”等称号。接下来，山西院党委将坚持把党的领导融入企业国际业务发展战略中，进一步加强党的建设融入海外项目运营全过程；以规范化抓手夯实境外党建工作基础，进一步理顺管理体制，推动党建工作全面有效开展；以创新性载体有力提升境外党建工作质量，进一步强化“杠杆效应”，以点带面发挥党业融合最大效能。

执笔人
李晓峰　山西院党群工作部副主任
卫亦芸　山西院党群工作部党建工作专责

点评 山西院党委成功打造了以“实施‘三大工程’、加强‘四大建设’、开展‘四项行动’”为主要特征的“丝路党建”品牌，把党的领导和党建工作有效贯穿于国际业务运营管理的全过程，探索出一条符合自身实际的境外党建工作新模式，有力推动了山西院深度融入中国能建“一体两翼”格局、助力高质量共建“一带一路”。

精益构建“五四三二一”大党建体系
引领赋能企业高质量发展

江苏院党委

摘　要

坚持党的领导、加强党的建设，是国有企业的“根”和“魂”。中国能源建设集团江苏省电力设计院有限公司（以下简称“江苏院”）党委始终恪守政治、经济“两个初衷”，全面加强和改进企业党建工作，大力开展新时代党建工作创新实践和探索，精益构建以“五星党委”“四强支部”“三心工会”“两型团委”“一流保障”为核心的“五四三二一”大党建体系，全力打造与全面从严治党要求相匹配、与国有企业改革发展路径相一致、与自身生产经营中心工作相适应的大党建工作格局，为江苏院全面开启一流企业建设新征程提供坚强保证。

党的十九大以来，江苏院党委深刻学习领会习近平总书记关于新时代国企改革发展和党的建设的重要论述，秉承“抓好党建是最大政绩”理念，创新开展国企党建工作，在成功打造“五星党委”及“五星”党建品牌的基础上，相继探索“四强支部”“三心工会”和“两型团委”等工作模式，在江苏院第一次党代会提出了构建“五四三二一”大党建体系的工作目标，并以此为抓手，不断推动企业党的领导和党的建设全面严起来、实起来、强起来，持续放大党建工作与中心工作乘数效应，以高质量大党建工作引领赋能江苏院一流企业建设提质增速。

一、强化政治引领，“五星党委”作用彰显促发展

打造坚强领导“核星”。严格落实“两个一以贯之”要求，全面厘清党委会、董事会、董事长专题会和总经理办公会权责边界，把党的领导融入企业生产经营全过程。打造以一本《党建管理手册》、一本《党支部标准化建设工作手册》、一系列党建管理制度为核心的“三个一”党建工作范式，开展“党建质量提升年”“基层党建工作深化年”“强基提质争一流”等专项行动，全面提升国企党建的标准化、规范化、制度化水平。

召开学习贯彻习近平新时代中国特色社会主义思想主题教育专题会

培育先锋模范“群星”。强化“基层一线”导向，推进“党旗在基层一线高高飘扬”“创岗建区组队”“立足岗位做贡献”等红色价值创造行动，常态化选树年度“两优一先”和季度“党员先锋模范岗”，举办先进事迹展、演讲会、故事会、座谈会等活动，通过融媒体立体化宣传“身边

先进、身边典型”。

打造智慧党建“e星”。自主研发以“苏电设计e支部”为核心的智慧党建平台，同步上线“道德讲堂”“反腐倡廉”“职工之家”“团青家园”等4个信息化子平台，实现党员、职工教育的全覆盖、全程化，抢占宣传思想工作的网络主阵地，一举解决党员学习难、考核难和基层党务公开难等问题，并获得国家版权局计算机软件著作权。

勇当创新共建“新星”。认真落实集团“联学联建·融通融合‘六个一’主题行动”要求，与江苏电建一、电建三党委、华东区域总部党委开展联学联建，与省内11家企事业单位党委联手打造“G12党建共建联盟”，加入江苏省委组织部党建共建第八协作组，与华电江苏公司党委联合开展联学活动，形成党委班子的理论联学机制，建立破解生产经营难题的联动协同机制，彰显“党建融合生产、党建促进发展”作用。

绽放多彩文化“繁星”。培育以“和合、务实、创新、为民”的核心价值理念和“同舟共济、奋勇争先”的龙舟精神为主体的文化价值体系，开展“春季登山、夏季龙舟、秋季全民健身、冬季迎新游艺”精品文化活动，支持乒羽、乐跑、摄影等文体俱乐部常态化开展活动，做好以“员工博爱基金”为代表的爱心纾难实践，对内帮扶困难职工和离退休老同志，

举办第十九届龙舟赛

对外捐助家庭困难学生。

二、坚持大抓基层，“四强支部”活力迸发勇攻坚

筑强政治根基。指导支部综合运用“三会一课”、主题党日等方式，长效贯彻落实“第一议题”。贯通“两学一做”“不忘初心、牢记使命”主题教育、党史学习教育、学习贯彻习近平新时代中国特色社会主义思想主题教育、党纪学习教育，有针对性地开展思想政治、管理知识、专业技术等专题学习和能力提升行动，有效缓解党员职工“本领恐慌”。

健强组织肌体。聚焦适应性组织建设，调整优化基层党组织设置，强化项目、境外党建工作，确保党的领导和党的建设全覆盖、无死角。制定支部年度工作指导计划和季度工作要点，开展半年、年度基层支部党建工作责任制落实情况检查，贯通支部年度评优评先和考评结果运用。开展党建品牌和工作法总结提炼，形成以发电“鹰雁”、电网“铁军”、综合能源“特种兵”为典范的支部品牌，以发电土建支部“四有三新”、技经咨询支部“五步走”工作法为代表的支部工作法。

建强党员队伍。运用驻地红色资源、企业党建工作展厅、支部实境课堂等“线下课堂”，开展主题党日、党员过政治生日、新发展党员宣誓、老党员重温入党誓词等红色教育活动。利用省委党校资源定期开展基层党务干部轮训，用好微党课、读书会、支部讲堂、专家课堂、党员志愿服务等形式，引导广大党员不断对标找差、争当先锋。

增强作用发挥。在急难险重工作中成立党员青年突击队、党员安全示范岗等，引导党员以实际行动助力“四新”能建、“一创三转”、“七网”融合、“两新”业务等战略性焦点问题，积极探索“工程项目+党员青年志愿服务”公益模式，让广大党员奋斗方向与企业发展方向同频共振。

三、坚持围绕中心，“三心工会”凝心聚力齐奋进

让员工暖心。开展“六种积极心态”“职工健康讲堂”“心情小屋”建设，设立“企业开放日”，做好各类关怀慰问、调研座谈等工作。建立

开展人文关怀活动

长期驻外及境外员工家属帮扶机制，常态化开展"我为群众办实事"和"冬送温暖、夏送清凉"活动。

和员工贴心。依靠职工办企业，所有涉及职工权益的制度和重大事项都经过职代会或职代会联席会审议通过。做好职代会提案征集及回复，开设领导信箱、领导班子接待日，召开主任工程师、统战工作对象、骨干员工家属等座谈会，实现公司和职工沟通联系、民主议事的"硬联通"。

与员工知心。营造价值创造、创新创效的良好氛围，组织职工劳动竞赛、技能竞赛等活动，激发广大职工劳动热情和干事创业活力。深化产改工作，创新"四型班组"、季度明星班组、劳模创新工作室、技术创新团队等建设，有效发挥职工主人翁作用。

四、坚持旗帜领航，"两型团委"青春荟萃敢争先

打造奋斗进取型青年组织。指导共青团提炼"同力、笃实、奋进、拓新"的新时代江苏院青年精神，引导广大青年感党恩、听党话、跟党走。

举行"我与祖国共奋进——国旗下的演讲"特别主题团日活动

指导加强团青工作制度化规范化建设，开展“我与祖国共奋进——国旗下的演讲”“学党史、强信念、跟党走”等主题团日活动和“喜迎二十大、永远跟党走、奋进新征程”主题教育实践活动，成功领导创建全国五四红旗团委。

打造开拓创新型青年团队。依托“青年大讲堂”“青年学习社”等载体，提升广大青年业务能力和综合素质。开展“号手岗队”、“五小”创新、QC小组等活动，号召青年积极贡献“金点子”和“好主意”。

五、坚持服务大局，“一流保障”强力护航谱新篇

为推动一流企业建设行稳致远，江苏院党委着力建设一支可堪大用的干部人才队伍。在干部选拔上发力，开展轮岗交流、内外挂职等工作，推进竞争上岗等“赛场点兵”机制，推动干部“能上能下”和年轻化进程。在顶层设计上发力，召开人才与创新大会，启动“1+4+N”人才建设工程，开展“远航计划”“金钥匙计划”“筑篱行动”“赋能行动”等专题培训。在管理机制上发力，发布人力资源发展规划和高端人才建设管理办法，优化职工岗位序列和薪酬结构，理顺职工职业发展通道。

建设一流企业，要有一流的干部人才，也要有一流的监督体系。江苏院党委切实推进“大监督”工作落实落地，强化政治监督，严格落实全面从严治党“两个责任”，以具体化、精准化、常态化的政治监督推动公司上下坚决做到“两个维护”。统筹推进中心监督、重要监督和职能监督，切实抓好“一把手”和领导班子监督，全面压实各级干部“一岗双责”，实现“三重一大”等关键领域的全程监督，常态化落实“项目监察员”制度，促进监督更加规范有力、精准高效；推行廉洁从业教育的全周期管理，严查享乐主义、奢靡之风，加强党性党纪学习教育和作风养成。

实干凸显担当，实绩展现作为。在党的二十大精神指引下，江苏院党委充分发挥“五四三二一”大党建体系的整体效能，全面提升党建与业务

的互融互促水平，持续彰显大党建的价值创造能力，助推江苏院生产经营和改革发展取得新成就，江苏院近三年的新签合同额、营业收入、利润总额、全员劳动生产率等主要生产经营指标稳步增长，获得集团经营业绩考核和党建责任制考评“双A级”，为锚定“两商”、奋进“两创”做出了应有贡献，为基层国企助力中国式现代化建设做出了积极实践。

执笔人
蔡升华　江苏院党委书记、董事长
王　亮　江苏院党群工作部主任
卞大祝　江苏院党群工作部副主任

点评 五星党委、四强支部、三心工会、两型团委、一流保障共同构建了江苏院“大党建”工作格局。在“大党建”格局的工作机制下，党政工团各条战线各司其职、协调合作，开展了系列富有特色的主题活动，共同推进了江苏院党的领导和党的建设各项工作向更高台阶迈进。

创新“四融四促”党建模式 实现“三保三创”提质增效

江苏院党委

摘 要

中国能源建设集团江苏省电力设计院有限公司（以下简称“江苏院”）连云港虹洋热电联产扩建项目（原场址）位于连云港徐圩新区，共分两个阶段进行建设，项目党支部大力践行中国能建工程项目党建“三抓三强四到位”要求，以项目为“主线”，以党建为“龙头”，建立了党建与团队管理、与生产经营、与安全管理、与文化建设的“四融合”模式，为高效推进项目建设提供了坚强保障，实现了保安全、保质量、保工期、创效益、创文明、创精品的“三保三创”目标，得到了地方政府、投资方、建设单位的高度认可。

江苏院连云港虹洋热电联产扩建项目（原场址）位于江苏省连云港徐圩新区，共分两个阶段进行建设。一阶段项目开工后，就面临着“六炉六机”同期建设的状况，存在机组台数多、工期要求高、疫情影响大、地址条件差、现场人员多、工艺系统复杂等难点问题。项目党支部以创建基础“334”标杆工程和“十化”示范项目为目标，积极推动项目党建有机融入项目管理，有力促进了团队建设、生产组织、安全管理和文化建设，较好实现了高质量履约和提质增效，一阶段项目于2023年5月整体顺利移交，创造了“机组半年六投”的佳绩。项目投产极大改善了新区紧张的供热环境，提高新区热源承载能力，推动新区能源供应体系向“清洁、低碳、安全、高效”转变。

一、党建与团队管理融合，促进项目建设提速增质

为确保项目党建“有人抓、管得好、有成效”，江苏院党委选优配强支部工作力量，实现项目经理、项目党支部书记“一肩挑”，选出2名项目管理核心骨干担任支委，把项目党务工作岗位作为培养复合型人才的重要平台。

项目党支部切实把党建工作优势转化为项目建设优势，在项目管理策划中明确党建实施要点，牵头制定项目计划任务书、重大技术方案等重要文件；用好“第一议题”“三会一课”等制度，定期开展党员思想政治教育，引导来自锅炉、汽机、运煤、结构等10个专业党员担当项目建设一线“主力军”；直面项目建设难点和急难险重任务，成立“党员青年突击队”，由项目总工担任队长，全力按照电力优质工程质量标准做好各项工作；开展“项目大讲堂”“技术大比拼”“岗位成长在一线”等活动，有效提升项目各专业人员的技术水平，对表现突出的党员同志，推荐为江苏院“党员先锋示范岗”，彰显榜样示范带动作用。

党支部充分发挥堡垒作用，把党的组织建在项目工程现场中，把党建工作成效体现在项目执行成效上。2020年3月桩基工程开工，2020年11月主厂房浇筑第一方混凝土，2022年4月第一台锅炉投产，2022年实现800吨级循环流化床锅炉“一年六投”。一阶段项目开工虽晚于炼化近一年，却成功早于炼化半年投产，为盛虹炼化全面按期投产达产做出重要贡献。2024年1月，二阶段项目开工，目前各项施工任务正在有条不紊地进行当中。项目开工期间，由于干部岗位调整和建设需要，党支部书记及现场党

一阶段项目整体移交仪式

员经历了一定的人员变动，但项目党支部的党员队伍不卡壳、不断档、不懈气，持续发挥带头示范作用，确保项目进展到哪里，党旗就插到哪里，党员就冲锋到哪里，有力保障了项目两个阶段的有效衔接和平稳过渡。

二、党建与生产经营融合，促进联动协同优势发挥

项目党支部秉承“党建领航、资源共享、互利互信、优势互补”的理念，立足项目全过程，主动与业主单位连云港虹洋热电公司党支部开展结对共建。利用“主题党日”“读书分享会”等载体，联合开展党的创新理论学习，建立定期磋商协调机制，解决项目建设过程的难点和堵点问题，形成全天候合作关系，成为亲密的“同志+战友”。秉承“做好现场，就是做好市场”的信条，精心打造标准化施工样板，把项目现场打造成江苏院在连云港地区的品牌“名片”，项目获得连云港市建筑施工标准化示范工地称号。以项目为展示窗口，推动连云港电力市场的滚动开发，2023年上半年新签虹洋热电多条热网EPC总承包合同和多个咨询设计业务合同，实现新签合同额近13亿元。

项目党支部积极落实中国能建协同经营的部署要求，定期承办各参建

单位高层领导协调会，聚焦项目融合点、延伸经营辐射线、扩大业务覆盖面，打破“信息孤岛”和“板块分割”，实现了人才、信息、技术等方面的共享和互助；进行安全、质量、环保、履约专题会议及联合检查，确保了项目安全、质量、进度等目标的顺利实现，成功展现了作为电力建设“排头兵”和“国家队”的良好形象。

项目党支部积极响应中国能建联学联建“六个一”直通车行动，与中电工程创发部党支部开展共建。双方就项目管理难点、项目管理体系新要求、项目管理“十化”落实情况等方面展开交流探讨，还依托连云港市革命纪念馆进行理想信念教育。此外，项目党支部还与江苏院职能第三党支部结成共建对子，双方聚焦“提升虹洋项目管理的精益化水平”这个目标，从“智慧工地”系统的推广使用、“互联网+”与建筑工地的跨界融合等方面进行研讨交流。

项目党支部牵头开展“六个一”主题行动

三、党建与安全管理融合，促进“十二个到位”刚性落实

在项目高峰期，现场作业人员近4000人，大型塔吊27台，危大工程186项，其中超过一定规模的危大工程82项。项目党支部坚持以习近平总

书记关于安全生产的重要指示批示精神为指导，深化落实中国能建安全生产工作会议和中电工程年度工作会议精神，推进安全生产专项整治三年行动及“234”工程建设，推动大安全管理体系和本质安全能力“两大建设”，建立一套完整的安全生产保证体系和监督体系，刚性落实“十二个到位”。项目建设期间未发生任何安全生产、质量环保事故。

项目党支部组建了以党员为骨干的安全督查大队，创新安全监督工作机制，把各参建单位党员纳入其中，共同开展日常和专项安全隐患排查，准确消除现场隐患，为安全生产保驾护航。在“三会一课”中开展安全科普、知识竞赛等活动，结合不同工种、不同时期的施工特点，常态化开展安全应急演练和安全月主题宣传，强化全员安全生产责任制，督促做好“三管三必须”。

针对项目安全风险的多样性和复杂性，项目党支部协同行政建立“标段、工区、工点”三级网格化安全管理机制，全场分成8个区域39个网格，党员同志担任网格区域负责人，建立党员安全责任岗，实现安全生产“区域划分到人、任务分解到人、责任落实到人”。紧抓基层安全管理，推进班组安全文化建设，强化作业面人员安全技能培训，全力防范化解安全风险隐患；成立QC课题攻关，优化关键节点施工流程，有效降低工程造价及工程风险；响应“数字化”管理要求，引入智慧工地管理系统，针对深基坑、塔吊、升降机等高风险作业进行实时监控，提升安全监管效能。

各方领导联合开展现场安全检查

四、党建与文化建设融合，促进工作氛围积极融洽

项目党支部坚持党建引领、文化聚力，针对项目不同阶段特点开展了各类丰富多彩的文化主题活动，推动党建与文化建设深度融合。严格按照中国能建《品牌视觉形象管理规范》和中电工程《企业文化与品牌建设管理办法》要求，对项目施工现场、办公场所等区域开展品牌和党建植入等进行策划和实施，设立党员活动室和企业宣传墙，突出党建元素和文化主题，发放文体用品和人文书籍，同步开展员工心理疏导工作。做好地方政府领导视察项目时的宣传工作，在醒目位置设立项目“一牌三板”，在重点部位张贴企业横幅标语，扩大中国能建在连云港地区的影响力和提高其知名度。

项目建设期间，项目党支部先后开展“聚海上云台，筑卓越团队”团队建设、“百年央企跟党走、奋进启航新征程”主题党日等活动，引导广大党员群众学党史、感党恩、跟党走，彰显红色文化底蕴。项目施工高峰期，牵头举办“融入工程强党建、亮剑攻坚促生产”创先争优、“战酷暑、做贡献”劳动竞赛、“抗疫情、保进度”重点攻坚等活动，现场党员佩戴党员徽章上岗，让堡垒筑在一线、党旗飘在一线、党员冲在一线。连续两年春节项目现场不停工，举办“春节在岗、合力攻坚、奋斗开启幸福年”慰问活动，营造出

春节开展项目部过大年活动

"一家人、一家亲"的和谐氛围。

在项目党支部领导下，项目相继获得全国青年安全生产示范岗、徐圩新区开发建设有功单位、连云港市建筑施工标准化示范工地、电力建设工程智慧工地管理二等成果、全国电力勘测设计行业优秀质量控制（QC）小组活动成果一等奖等多项殊荣。

党建工作做实了就是生产力，做强了就是竞争力，做细了就是凝聚力。江苏院连云港虹洋热电联产扩建项目（原场址）党支部将聚焦二阶段项目建设主战场，擦亮项目党建"底色"，提升融合创效"成色"，以高质量党建赋能项目高标准建设，朝着保安全、保质量、保工期、创效益、创文明、创精品的目标不断迈进，推动项目建设进入快车道，力争项目早建成、早见效，更好满足石化园区能源保供、蒸汽输送等基础配套需求，为徐圩新区打造万亿级石化产业集群筑牢坚实的发展根基。

执笔人
蔡升华　江苏院党委书记、董事长
李　波　江苏院生产与项目管理部主任
卞大祝　江苏院党群工作部副主任

点评 江苏院连云港虹洋热电联产扩建项目（原场址）党支部聚力项目党建，充分运用"党建+"工作法，在项目建设过程中开展党建+团队管理、党建+安全管理、党建+文化建设等主题鲜明的实践活动；同时，汲取"联学联建·融通融合'六个一'"主题活动的成功经验，与项目建设相关方开展联学联建，均取得了显著成效，有力推动了项目建设，是党建保障项目高质量建设的生动典范。

“1+4+X 大党建”品牌赋能价值创造

浙江院党委

摘　要

中国能源建设集团浙江省电力设计院有限公司（以下简称“浙江院”）党委坚持将党对国有企业的领导和现代企业管理有机结合，在多年实践中坚持以党委抓总为引领，打通顶层设计和具体执行，以思想政治、组织、党风廉政、文化“四大建设”为基础，以“X”特色化为延伸的工作模式，形成了“1+4+X大党建”品牌，发挥出“大党建”合力，助推企业改革发展再上新台阶。

当前，新一轮科技革命和产业变革加速发展，发展新质生产力已成为当下我国实现产业转型升级和高质量发展的关键。浙江院党委坚持以习近平新时代中国特色社会主义思想为指导，打造“1+4+X大党建”品牌，积极推进党建与生产经营深度融合，在技术创新、模式创新、管理创新上奋勇争先，加快培育具有浙江院特色的新质生产力。

一、“1”条主线，党委抓总当好价值创造“领头雁”

“1+4+X大党建”模式，“1”代表党委抓总，“4”代表思想政治、组织、党风廉政、文化“四大建设”，“X”代表专项特色工作。该模式突出“党委抓总”这一条主线，强调国企党建工作必须“坚持党对国有企业的领导是重大政治原则，必须一以贯之；建立现代企业制度是国有企业改革的方向，也必须一以贯之”。以党委统领顶层设计，建立适合发挥党委领导核心和政治核心作用的权责机制。完成“党建入章程”，健全“三重一大”决策体系，发挥董事会定战略、做决策、防风险作用，经理层谋经营、抓落实、强管理作用，推动企业治理体系不断健全、治理效能持续提升。按照“简约、高效、好用”原则，系统构建了基本覆盖全业务类别的管理制度体系。其中“大党建”之“大”，一是为区分传统意义上的局限于单纯党务工作层面的狭隘党建认知，打通顶层设计和具体执行的模式；二是为凸显发挥“合力”，将众多要素聚集并发挥各自独特作用，将大党建工作向企业中心工作价值链的上下游延伸，赋能价值创造，推进党建与生产经营深度融合。

公司党委中心组成员赴余村开展主题教育现场教学

二、“4”大建设，同向发力凸显价值创造聚合力

在“党委抓总”这一条主线下，统领思想政治、组织、党风廉政、文化“四大建设”，突出各要素在价值创造中的作用，形成大党建的合力。

一是以思想政治建设为引领，发挥价值创造导向作用。加强思想政治建设是党的建设的重要方面，在价值创造中发挥引领和导向作用。严格落实党委会“第一议题”制度，建立第一议题学习周报机制，加强政治理论学习，为浙江院高质量发展提供源源不竭的思想伟力。高质量开展学习贯彻习近平新时代中国特色社会主义思想主题教育，引领干部职工在干事创业中筑牢信仰之基、补足精神之钙、把稳思想之舵。

二是以组织建设为承载，夯实价值创造基石。坚持和落实党的建设和国有企业改革同步谋划、党的组织及工作机构同步设置、党组织负责人及党务工作人员同步配备、党建工作同步开展。坚持党管干部、党管人才原则，开展了岗位序列管理相关制度修编工作，加强对工资总额预算管理、薪酬管理等新版人力资源管理制度宣贯，在制度执行中持续完善改进、不断优化提升；不断夯实三基建设，浙江院党委及所属13个基层党组织均按期换届，目前共有两个集团“示范党支部”；加强党员干部学习教育，结合主题教育专题学习，组织党员干部先后参与了七一党课、党史党建知识竞赛、主题教育专题读书班、党纪学习教育读书班等；从严开展党员发展工作，“三会一课”规范开展，打造了“党建+”特色主题党日，大党建范围内共形成50余项制度。通过对组织建设的夯实，全面推进了党支部标准化规范化建设，加强了党支部作为基层价值创造主体的组织保障，激发了党员在价值创造中的主动性。

三是以党风廉政建设为保障，促进价值创造有效落实。监督是现代企业的一个重要特征和一条重要的管理原则。以党委履行主体责任为主线，充分发挥纪委监督作用，整合监察、内部审计、风险管理、财务、党建等各监督部门和业务部门的职能作用，形成大监督管理合力。将党建积极融入决策、资产、干部和关键岗位监督的具体实践中去，既监督过程也监督

结果，如在决策监督方面，每年开展“三重一大”决策专项审查，对过程、合规性等方面开展监督，筑牢风险防控核心底线。落实合规管理负面清单，严守底线、不越红线，确保依法合规经营。将风险管理融入业务、嵌入流程、植入岗位，坚决守住风险防控底线。

四是以文化建设为抓手，为价值创造营造和谐氛围。在多年的企业文化建设中，浙江院从“以人为本”出发确立了“激情工作，快乐生活”的院企业文化主轴。作为全国文明单位，浙江院党委将党的思想政治工作和人文关怀传统相结合，一年两次开展党支部精神文明建设检查；不断深化“聚心、匠心、暖心、开心”四心工程，持续开展“六个一”行动；积极广泛开展形式多样的文体活动，不断增强文体协会活力，全年参与活动5000多人次。通过以上途径，浙江院积极倡导了科学严谨的工作方式和健康文明的生活方式，职工获得感稳步提升，达到了凝聚人心，为价值创造营造和谐氛围的目的。

“精彩亚运，志愿你我”党员志愿服务活动

三、“X”有特色，聚焦中心打造价值创造新特色

“X”即代表“专项特色”，又表示一种“开放式”的模式，可以将

特色工作和自选动作要素增加到“1+4+X大党建”模式中，最大限度发挥党建合力。浙江院党委着力加强党建融入中心，将此作为“X”自选动作。准确把握“四新”能建的核心要义，围绕“两商”定位，不断完善“融入式”党建模式，将党建与“决策、生产、经营、管理、监督”等治理环节相结合，在能源转型、市场开发、改革创新、科学管理等工作中开展系列实践。

以“红色引擎 绿色发展”为指引，牢固树立“党建也是生产力”的理念，强化党建与生产经营深度融合，积极发挥党员在急难险重任务中的先锋模范作用，深度融入两级集团“大市场”体系和“四新”平台，促进企业高质量跨越式发展；结合落实 “十四五”规划重点任务和绿色发展转型任务，坚持把改革发展的重点和难点作为党建工作的切入点和突破口，开展了“双碳+”系列活动，以专项攻关行动、党员突击队、联学联建、主题党日、实践在支部等形式引领广大党员职工主动担当作为，促进了党建与生产经营的双向融合。

开展“强党建促发展”专项行动，以党员为先锋组建各类蜂窝团队，加大对综合能源、氢能、储能、石油天然气、综合供能服务站、海上风电等各领域的开发力度，党员先锋模范作用进一步发挥；优化支部考核体

金上—湖北特高压直流输电工程党员突击队

系，进一步加强党建与生产经营双向融合，全力构建有目标、有措施、有考核的基层党建工作新格局，引领广大干部职工主动担当作为，解放思想，大胆创新，为价值创造激发活力。

浙江院通过聚焦“1+4+X大党建”模式赋能价值创造，全面推动融入式党建模式，紧紧围绕建设“国际一流工程公司”的战略目标，党建工作和改革发展均呈现全面推进、重点突破的良好态势。加强党的全面领导，扎实推进各项改革工作，从决策层面发挥了党建对生产经营的促进作用，企业管理成效进一步提升；不断完善“融入式党建模式”，将党建与“决策、生产、经营、管理、监督”等治理环节相结合，全力构建了有目标、有措施、有考核的基层党建工作新格局，党建工作体系进一步增强；加强工程项目等重点领域的党建工作创新力度，大力推进综合能源、氢能、海上风电等各领域开发力度，党员先锋模范作用进一步发挥。2023年全年实现新签合同额同比增长38.03%，实现营业收入同比增长18.24%，实现利润总额同比增长15.98%，圆满完成了各项业绩考核指标，先后被授予全国文明单位、中央企业先进基层党组织、全国电力行业文化建设先进单位等荣誉。

“百尺竿头，更进一步”，浙江院将持续在党建价值创造力上增加“深度”，在强化“大党建”上扩展“宽度”，以价值创造赋能企业新发展。

执笔人
毛　丽　浙江院党群工作部党建专责

点评 浙江院党委通过“1+4+X大党建”模式，持续深化党建价值创造，有效提升了党建与业务融合度，强化了党的领导力和组织力。党委抓总，“四大建设”同向发力，专项特色工作亮点纷呈，不仅增强了党组织的凝聚力和战斗力，更推动了企业高质量发展。

风起百花岩　绿色向新行

浙江院新能源网信党支部

摘　要

中国能源建设集团浙江省电力设计院有限公司（以下简称“浙江院”）新能源网信党支部以“红色引擎 绿色发展”为指引，抢抓“双碳”发展机遇，以新能源市场开发党员先锋队和党员专项攻关小组为抓手，深化与项目所在地党支部联学联建，发挥党员在市场开发、设计优化、项目实施上的先锋模范作用，成功推进庆元县百花岩风电场项目落地。项目首批风机的并网发电成功，为推动庆元乡村振兴增添了“绿色引擎”，用实际行动将“绿水青山”转换成“金山银山”。

丽水市庆元县百花岩风电场项目由浙江院投建营一体化建设，全容量投产后将成为浙江省内迄今为止单体容量最大的陆上风电项目。浙江院新能源网信党支部坚持以“红色引擎 绿色发展”为指引，牢固树立“党建也是生产力”的理念，探索实践多种党建与生产经营融合创效的手段载体，成功推进庆元县百花岩风电场项目落地。

一、逆风而上，党员攻坚勇拓市场

打造市场开拓的急先锋。庆元县地处浙江西南边陲，距离杭州约6个小时车程，属于浙江省实现创建“共同富裕”示范区重点发展的“山区二十六县”之一，结合当地“绿水青山环绕”的特点，庆元县适时地提出了打造“清洁能源强县”、浙闽边界绿能高地的目标。早在2014年，浙江院和庆元县发改局就签订了风能资源测量合作框架协议，在庆元县境内建设测风塔开始测风，立足该地陆上风能储备丰富的区位优势，谋划百花岩风电场项目。为推进后续项目落地，新能源网信党支部成立了党员突击队，由党支部书记及党员骨干组成。突击队通过学习座谈、主题党日等形式深入学习“绿水青山就是金山银山”的“两山”理论，并就如何将“绿水青山”转换成“金山银山”开展了热烈讨论，形成了百花岩风电项目的开发建设构想。党员突击队结合庆元实际情况，形成了“风光水储一体化”、能源开发与旅游相结合的清洁能源开发构想，以清洁能源发展带动当地经济发展，提高民众收入，助力庆元县实现共同富裕。为了推动百花岩风电项目的落地，党员突击队长期驻点庆元县城，对百花岩项目区域的土地情况进行现场勘察，与庆元县发改局充分沟通，紧密配合，在做好生态保护的前提下，借助相关政策调整的窗口期，为项目实施合规性报批奠定了良好的基础。

突击队党员开展项目攻坚讨论

跑出专项攻关的加速度。受浙江

省陆上风电项目政策原因等影响，百花岩风电项目的开发曾一度按下“暂停键”，项目重启后面临的审批困难也非常大。在项目核准报批过程中，丽水发改委特别谨慎，审批要求尤其高，项目核准时间紧。关键时刻，支部成立了党员专项攻关小组，联合县发改局党支部，派专人24小时对接丽水发改委，及时完成各类问题的答复和报批材料的上报，在最短的时间内完成项目的核准，取得了前期开发的阶段性胜利。党员专项攻关小组按照项目核准的经验，又陆续取得了项目环境影响评价、水土保持、地质灾害评估、压覆矿产评价等一系列专项批复。最终经过8年锲而不舍的努力，项目于2022年底顺利通过投资审批，进入开工准备阶段，终于等来了“绿能”的东风。

二、乘风破浪，联建促融项目提质

在“双碳”目标和共同富裕的背景下，加快清洁能源发展，是庆元县实现跨越式高质量发展和建设共同富裕山区范例的重要路径。长期以来，

与联建单位开展篮球比赛活动

浙江院和庆元县人民政府一直保持着良好的互动关系，新能源网信党支部与庆元县发改局党支部通过党建共建，发挥各自优势，寻得双方发展的最优解，最终探索出一条绿水青山的“变现”之路。

以“联”促学。浙江院新能源网信党支部与庆元县发改局党支部在长期合作中建立了“每周一学、特事特学”的联学联建机制。双方党员充分利用线上线下渠道，结合“三会一课”“主题党日”等载体，坚持把“第一议题”学习放在首位，探讨理论结合实际的经验做法。同时双方将理论研学与业务研讨相结合，为推进林地审批工作，支部成员连续数月定期往返杭州和庆元，与县发改局党支部、县林业主管部门每周研学项目林地审批相关政策。双方党支部成员多次走访庆元的老林业工人，根据其口述找寻线索，进一步收集项目所在区域林业建设情况的相关资料，据此优化设计，最终完成了林地的审批工作。

以“联”促效。双方坚持以百花岩风电场项目开发为导向，发挥各自支部优势，以党建“软实力”助推经营“硬发展”，引领党建工作与生产经营深度融合。项目合作过程中，浙江院党支部充分发挥技术路线、财务经济测算等专业优势，和庆元县发改局合作开展庆元县绿色能源发展规划编制，帮助完成庆元县低碳示范县创建工作；县发改局党支部主要负责协调项目落地所需的要素保障部门，依托能源发展规划的编制和低碳示范县的创建，持续对接上级部门完成百花岩风电的列规工作，浙江院党支部和庆元县发改局的合作共建深度体现党建领航、资源共享，真正做到了优势互补、融合创效。

三、追风逐日，技术赋能绿色转型

技术创新出成效。百花岩风电项目地处庆元西南山区，所在区域地形复杂，场址较为分散，项目开发技术难度大。为了优化机位布置、提高发电效率、降低建设成本，党支部组织技术骨干勇于担当，攻坚克难，克服了多项技术难点，提出了多个技术亮点，为项目顺利推进提供了坚实保障。一是风机平台差异化设计，针对每个风机平台所处的不同地形和地质条件，进行定制化和差异化设计，减少风机平台对山体地貌和环境的破坏；二是优化风电机组选型，以大代小，为机型配置了直径190余米的叶轮，做到了度电成本最优，打造出一座经济高效的风电场；三是风电场道路、景观设计与乡村景观深度融合，风电场部分进场道路作为当地村村通公路使用，场内道路的设计在满足大件设备运输的同时兼顾景观旅游的开发使用；四是符合地方特色的升压站建筑设计，深入挖掘当地的文化传统和建筑风格，借鉴其传统的木结构建筑、独特的雕刻和装饰手法等元素，通过现代设计进行再创新，将现代元素和当地传统元素结合，使建筑既符合现代审美需求，又体现庆元地方特色，展现出一种古朴而典雅的风格，让传统艺术在项目设计中得到合适的体现。

绿色转型促发展。百花岩风电场项目推进过程中，浙江院新能源网信党支部及项目部党员坚持创新驱动，持续优化设计方案，确保工程质量和施工安全，项目于2023年12月30日首批风机并网发电成功。该项目分东、

庆元县百花岩—新田垄一带山脊风机全景

西两区，建设40台单机容量为6.25兆瓦的风电机组，总装机容量为250兆瓦，项目全容量投产后，将成为浙江省内迄今为止单体容量最大的陆上风电项目。投产后年上网电量48278万千瓦时，年平均等效满发利用小时数为1931小时，年发电效益约2.08亿元，预计运营期年平均贡献税收约5000万元，为当地带来显著的经济效益和社会效益，助力当地优化能源结构、降低碳排放。与此同时，百花岩风电场的建设也为当地经济带来了发展新机遇。风电场部分进场道路作为当地“村村通”公路使用，当地村民采伐运输林木、进出县城都会更加便捷。建成后最近的风机距庆元县城只有20分钟车程，整个项目的道路建设将连通出一条60千米长的风电景观旅游带，将催生当地高山旅游、生态民宿等“风电+旅游”新业态，给乡民带来新的就业岗位和经济增长点，为推动庆元乡村振兴增添动力强劲的“绿色引擎”。

绿水青山就是金山银山。在浙江省生态第一县的庆元县建设清洁能源百花岩风电项目是“两山”理论的生动实践，也是党建与生产经营融合创效优秀案例。在能源清洁低碳转型及“双碳”行动中，浙江院新能源网信党支部将持续发挥技术优势，积极参与风光新能源项目，助力实现共同富裕，为实现碳达峰碳中和目标，持续贡献智慧和力量。

执笔人
孙文波　浙江院新能源开发建设公司党支部书记、总经理
李　涛　浙江院新能源开发建设公司工程管理部副总经理

点评 浙江院新能源网信党支部以“红色引擎 绿色发展”为引领，在推进百花岩风电场项目过程中，党员先锋冲锋在前，抢抓“双碳”机遇，深化党建与项目建设融合，成功推动项目落地并顺利并网发电，为乡村振兴注入绿色动力，是“两山”理论生动实践的典范，也深刻诠释了“党建也是生产力”的丰富内涵。

党支部品牌赋能党建工作“脱虚向实”

安徽院党委

摘 要

中国能源建设集团安徽省电力设计院有限公司（以下简称“安徽院”）党委按照上级集团关于党建工作的各项决策部署，积极探索符合新时代特点的党建工作新办法、服务中心工作的新路径、党支部战斗堡垒作用发挥的新模式、党员先锋模范作用发挥的新领域，围绕基础“334”工程，狠抓基层党支部建设，以支部特色品牌创建为抓手，促进党建工作与生产经营深度融合，形成上下联动抓党建、齐心协力创品牌的良好工作格局。通过抓党支部品牌建设，安徽院形成了一批内涵丰富、成效显著、影响广泛的党支部品牌，完善了党建工作新体系，以高质量党建引领保障了安徽院高质量发展。

为贯彻落实习近平总书记在国有企业党建工作会议上的重要讲话精神，进一步增强企业党建工作活力，深入落实开展基础“334”工程要求，安徽院党委以党支部特色品牌创建为抓手，强化“三基”建设，以“亮点”带动“重点”，变“软任务”为“硬指标”，促进党建工作“脱虚向实”，推动党建与生产经营深度融合。

一、高位统筹谋划，构建党建工作新格局

抓好“顶层设计”。近年来，安徽院党委围绕强党建、树品牌、提效能，制订专项实施方案，部署专题活动，逐渐压实党建责任，贯穿“组织策划、方案制订、总结提炼、优化培育、推广深化、巩固提高”全流程全链条，抓实“创、宣、树、评”四大环节，扎实推进党建品牌创建工作，引导各党支部积极响应，有力掀起党建品牌创建热潮，有序推进支部特色品牌的全面创建工作。

找准“工作路径”。为找准实践结合点和发展契合点，安徽院党委指导各党支部深入分析专业特点、职能定位、板块文化，把党建品牌创建融入经营发展，充分挖掘支部特色优势、有益经验，区分目标任务、业务范围、工作模式，因情分类、因势利导推动创建工作，积极打造了一批定位特色化、优势差异化、呈现多样化的党建品牌，形成了百花齐放、竞相斗艳的工作成果。

夯实“战斗堡垒”。为切实发挥特色党建品牌对党员的推动作用和对群众的引领效能，安徽院党委坚持全程发挥党员先锋模范作用，以“核心、学校及堡垒”作为支部创建目标，以“经得起实践检验”作为党建品牌标准，赓续传承建院以来形成的特色文化符号、特殊典型事迹，引导各支部开展特色品牌创建，在全面覆盖中持续稳固各党支部战斗堡垒功能效用。

二、高度提炼总结，打造党建品牌新矩阵

从党员先锋作用上破题。发电党总支以“红色引擎，绿色能源”为支部特色品牌，持续开展晚间课堂活动，激励党员站排头、当先锋，成为“爱岗敬业的先锋、生产经营的中坚、技术革新的标兵、遵纪守法的楷模”，全面发挥模范带头作用；组建青年党员技术团队，合力开展技术

创新和管理创新，把党员先锋推上生产经营一线、难题攻坚一线，以党员之“星火”燎动群众之“烈焰”。

从争先创优内涵上挖掘。电网党总支围绕打造“三提两创 党建引领”品牌，深入明确“提升工程质量、提升服务能力、提升创新水平”工作要求，深入开展“创先锋党支部、创金牌团队”系列活动，大力推动“党建、生产经营同部署、同落实”思路理念，积极组织投标评比、演讲比拼、技能竞技等实践活动，在争先创优中实现上下“一条心”、全员“一股绳”、全局“一盘棋”。

从管理工作升级上攻关。管理第一党支部扎实开展“智慧管理、服务先锋”党建品牌建设，坚持管理、服务两手抓、两手硬，通过对标行业先进、系统标杆，大力推行管理工作升级、管理理念迭代，在收集信息、辅助决策、优化流程、提升效率上下真功、出实招，实现上下游密切协同配合、顺畅沟通对接，充分发挥党建对生产经营的引领、带动和促进作用。

从发展举措创新上探索。华电党总支积极打造“务实·创新·服务”的党建品牌，实施“聚神、聚力、聚心”三大举措，助力“经营策略、管理模式、核心技术”突破创新，以“聚神”推动党组织成为建设“主心骨”，以“聚力”推动党组织成为突破“开山锤”，以“聚心”推动党组织成为发展“吸铁石”，实现党的建设与业务经营同频共振、互促共进。能源研究院党支部通过推进“党建引领+”工作模式，把“红色引领·能源先锋”品牌理念嵌入日常工作，党支部所属各部门积极贯彻新发展理念、把握绿色低碳转型机遇、多渠道发力市场开拓，充分发挥能源研究院的平台优势和党支部战斗堡垒作用。

三、高效转化运用，实现党建融合新提升

打造管理新模式。管理第二党支部牵头开展“职能管理 效能提升”工作，在党支部“强化管理 助力增长”的品牌指引下，党支部所属各职能部门深入生产经营一线，主动服务，找问题、解难题、补短板、促发

开展党支部共建活动

展，实现了职能管理能力的提高及生产效益的提升。发电党总支充分发挥特色品牌的作用，主动开展“提能创效·至精至善”管理提升活动，广泛组织专业前沿技术交流研讨会、青年员工座谈会、设计经验总结交流会，引导全员提振干劲、转变作风、夯实能力，持续提升发电公司管理正规化、精细化、效益化水平。

释放发展新效能。电网党总支深化党建品牌效能，积极开展高质量发展“六心”主题活动，以“雄心、狠心、精心、匠心、同心、红心”实现

“走进高空风能　科技创新促发展”主题党日活动

“战略提升、效益提增、工作提效、标准提进、精神提振、思想提领”，有效形成比学赶超、争先创优的良好氛围，2023年实现特高压及电网勘察设计招标金额创历史新高。勘测党支部挖掘“勇当先锋、甘为基石”品牌能量，积极发挥党员先锋模范作用，做“宽”做“深”勘测业务，引导党员带头参加专项业务的投标工作，取得丰硕工作成果。国际公司党支部持续强化“能源先锋·国际领先”的品牌理念，在“意识融合”中，调动了干部职工的积极性，发挥了党员模范带头作用；在“目标融合”中，将党建指导业务落实到市场开发与项目投标工作的各个方面； 在“过程融合”中，打造了一支“一专多能、业务过硬”的队伍；在“成效融合”中，实现了党建与业务同部署同实施同考核，党支部堡垒作用持续增强。

实现服务新跨越。新能源党支部响应“战斗堡垒、铸就精品”品牌号召，激发党小组、党员先锋岗内生活力，抓实“质量、进度、安全、费用”四项重点，优质履约多个EPC总承包项目，获得业主及相关参建单位高度评价。工程咨询党支部响应“精打细算，颗粒归仓”品牌号召，精心组建以党员为主体的专家队伍，深度参与国网经研院、安徽省电力公司等单位造价培训工作，以专业化、精细化形象为安徽院打造了敬业、精业、

"学思想 强党性 重实践 建新功"联学联建活动

乐业的优质品牌，赢得了相关单位一致好评。

安徽院党委通过扎实推进党支部特色品牌创建，强化基础"334"工程建设，充分发挥党委核心引领、党支部战斗堡垒和党员先锋作用，实现了各个业务板块多点开花，经营发展迈上新台阶。企业成功中标中广核新能源重庆渝北9H燃气发电项目工程勘察设计，实现"大电源回归"的重大突破；成功中标"陕电入皖"一站一线，实现了"首次中标特高压换流站"和"首次中标特高压工程一站一线 "两个历史性重大突破；发挥技术优势，中标一批光伏、风电、储能、氢能、综合能源等勘测设计和总承包项目，成为公司业务规模最大支撑点和利润的新增长极；聚焦优质项目，积极开拓海外市场，承接乌兹塔什干光储项目，实现公司国际项目落地的重大突破，国际业务营收显著增长。后续，安徽院党委将持续在党建融合技术、党建融合经营、党建融合生产等多个方面创新工作抓手，推动各项工作全面提升，推动世界一流企业建设再上新台阶。

执笔人

张李黎　安徽院电网工程公司（数字化中心）勘测设计师
姚　乐　安徽院党群工作部（工会办公室）副主任（主持工作）
黄兴怀　安徽院勘测工程公司总经理

点评 开展党建品牌创建是探索党建工作为企业中心服务的新途径。安徽院党委以党支部特色品牌创建为抓手，在“创”字上出新意，充分挖掘各部门特色资源，创造富有时代特征和业务特点、展现不同特色的党建品牌，为其他基层党支部结合自身实际打造党建品牌、提升凝聚力提供了良好的示范。

锻造混改党建品质　奏响时代发展强音

湖南院党委

摘　要

作为国家第三批混改试点和国企改革“双百行动”企业，中国能源建设集团湖南省电力设计院有限公司（以下简称“湖南院”）始终以党建统领改革发展全局，将“混改”企业文化全面融入新时代党的建设，秉持“战略笃定制胜、差异化形成领先、创新支持跨越、文化传承永恒”四大工作法宝，以“混改”党建“五部曲”，奏响高质量发展时代强音，实现企业改革发展管理党建全面跃升。

党的二十届三中全会吹响进一步全面深化改革的号角，作为混合所有制改革“探路先锋”，湖南院党委充分发挥顶层设计优势，扭住党建工作责任制的“牛鼻子”，推进党建工作和生产经营“融入、内嵌、有机结合”，以“混改”党建“五部曲”，打造出改革“试验田”，同时也为引领行业发展、推动新一轮国企改革提供经验样本与价值贡献。

一、贯彻能建大战略，吹响改革“先锋号”

拓展战略宽度。湖南院党委将深化改革与企业发展整体考量、一体推进，成功引进四家高质量战投，整体并购湖南化工设计院，企业实现全方位变革、系统性重塑、整体性重构，实现产业链的补强、延伸、升级，完成了从股权结构的“混”到产业发展的“融”。近期湖南院和各股东合作落地、跟踪及意向合作大型项目20余个。

灵活体制机制。推进薪酬市场化改革，分公司模拟子公司运作，试点职能部门内部公司制。实施分子公司超额利润分享与项目跟投制，设立“风险抵押金”。干部公开竞聘常态化，推行“助理制”，员工“3+2”培养，劳务派遣员工积分制管理。

重塑企业文化。着力解决员工来源多样化，思想基础、价值取向多元化问题，全面激发员工工作积极性和主人翁意识，凝聚“企业发展好了，员工才会好”共识，全院上下充满干事创业的激情。2023年全员劳动生产率为2019年（改革前）的3.1倍。

湖南院新办公大楼

二、融入公司治理，唱好发展“奋进歌”

党的领导指引“发展航向”。混合所有制改革中，湖南院党委与投资者、股东方、合作方充分沟通，建立健全党委会、股东会、董事会、监事会、经理层的“四会一层”企业治理结构，实行“双向进入、交叉任职”，公司党委书记和董事长实行“一肩挑”，总经理任党委副书记、董事，明确党组织在公司治理结构中的法定地位；坚持党管干部原则与董事会依法产生、董事会依法选择经营管理者、经营管理者依法行使用人权相结合，在经理层任期制、契约化管理中进行有效落实，将党的领导融入企业决策、执行、监督各环节。

经理层成员任期制及契约化管理签约仪式

思想破冰引领“发展突围”。面对混合所有制企业投资主体、股权结构、人员来源多样化等带来的多元化利益诉求，湖南院党委坚持用党的思想建设汇聚发展合力。出台“化工院融合管理方案”，明确10个部门共68项融合管理措施，有效推动干部职工在思想层面、运转模式、要素配置等方面加快融合，以思想上的“破冰”实现融合上的“突围”。主动用“生活会”强化班子“三力”建设，领导班子民主生活会重点解决领导班子成员工作中的思想难题和实际问题；基层党组织生活会重点解决部门班子合力不够、战力不强问题；遵循“五必谈”原则全面洞悉干部工作、生活、思想状况，密切关心、教育引导，使湖南院战略得以扎实落地，促进企业良性发展。

实干担当破解“发展难题”。党委层面率先垂范，支部层面上下直通。2023年党委班子完成高端拜访170余次，聚焦11个主题带队调研，编制报告11份，梳理问题51项，提出解决思路、调研意见和工作要求85项。党委班子及所属基层党组织全年与30多家单位党建共建，深入开展党建“百千”先锋工程，围绕“市场开拓”“提质增效”“科技创新”等创建100个示范项目，将党建联建优势转化为协同发展优势，全面促进市场、技术、资源等整合，破解党建与生产经营“两张皮”问题。

三、锻造基层堡垒，演绎战斗“进行曲”

落实党建责任考核。探索“混改”党建基层模式，深入基层一线找出党建不实不细根源，变“结果考核”为“过程追踪”，确保做到组织建设谋划实、过程实、效果实。出台党建工作责任制办法，聚焦湖南院党委和化工院党委书记党的建设第一责任的执行、党委班子成员“一岗双责”的履行、基层党组织的考核及党支部书记的述职评议，做到业务工作和党建工作同部署、同落实，并将结果运用在企业绩效管理、“两优一先”评选和党建经费支持中，使“软指标”变为“硬约束”。

优化基层党组织设置。配强党支部书记，选优党务人员，加强队伍培训教育。编制《党支部书记工作手册》，规范支部工作标准。“混改”后将化工院党组织关系整体转接至湖南院党委，依托项目与地方政府、合作方设立联合党支部，合力推进重大项目建设攻关。严格遵循按期换届“应换尽换”、党务工作人员“应配尽配”原则，召开党委会、成立专项工作组指导监督化工院两委换届、各基层党组织按期换届、支委调整

党建联建聚合力

和增补工作。

凝聚基层党建合力。推进顶层“334”工程，充分根据部门、科室、项目党组织的具体特点、功能定位和职责任务指导各级党组织全面提升基层党建工作水平。在科研、设计、工程一线建立多个党员、青年突击队，充分发挥带动作用，“双中心一院”政府高端智库作用进一步凸显，大型煤电和燃机电厂实现重大突破，黄花机场T3智慧能源站入选国家发改委绿色低碳先进技术示范项目，能源化工“双主业”新优势不断增强。

四、坚持党管干部，谱写人才“协奏篇”

坚持党管干部原则。坚持党建入章程，明确党组织在公司治理结构中的法定地位。党委会研讨作为重大事项决策前置程序，将党的领导融入企业决策、执行、监督各环节。构建“四会一层”法人治理结构，持续规范干部动议、推荐、考察、研究、公示、谈话等程序，干部必须党性修养强、作风过硬，绩优者胜出，能打硬仗者优先提拔，全方位加强干部人才培养。

董事会选聘经理层岗位竞聘大会

完善能上能下机制。经能建集团授权，湖南院在全集团首次开展董事会选聘经理层工作，竞聘前四名聘任为公司副总经理，第五名交流到云南能投任副总裁，极大提升公司影响力。在经理层、子企业全面实行任期制和契约化管理，对“未完成任务”的中层干部，实行全体起立、公开竞聘的机制。核心员工持股绑定，岗位变则股份变，绩效变则分红变，全面激发员工战斗力。完善劳动用工积分管理办法，实行末位淘汰制，做到员工能进能出。

加快人才队伍建设。常态化开展青年创新创效工作，提拔一批业绩优异、作风扎实的85后、90后充实各级班子，形成有梯队的干部队伍；创新招聘、高层次人才引进、项目管理人才队伍建设、双导师带徒、轮值助理等机制；制定公司首席勘察设计大师、卓越工程师、卓越项目经理等领军人才培养计划与目标。

五、塑造品牌文化，合奏党建“共鸣乐”

高绩效文化深入人心。倡导建立“以创新成就不同凡响的企业、以精细提供超乎想象的服务、以责任凝聚勇于担当的团队、以党建铸造混改文化的灵魂”的“四以”文化。坚持“两怀”带队伍，提出淬炼干部“情怀和胸怀”，“做靠谱的人、干靠谱的事”。践行“快实”作风：“快”是凡事看准就干、拥有高于同行的敏捷和效率，“实”是工作举措实、落地实、业绩实、做人实的作风与品质。这些文化基因的积累，成为企业保持长期发展的宝贵财富。

业务品牌与文化品牌联动。依托党建活动、新闻宣传、人文关怀、企业价值观等载体，打好混改企业特色品牌“组合拳”。深度参与省能源发布会、亚太低碳论坛布展，积极邀请湖南卫视、中国电力报等媒体深度报道混改进展和成果；切实深入新疆、西藏等地区以及老挝等工地拍摄，加大对实干家、行动家、微典型的正能量宣传；推出“内容有深度 情感有温度”新闻作品，“能建湘军”企业形象广泛传播。

人文关怀与社会责任同在。在人文关怀方面，聚焦解决职工急难愁盼问题。完成健身房和母婴室建设，签订绿色就医协议并开展健康义诊，提供“心灵港湾”心理健康服务。同时，定期组织家庭开放日、员工美食节等活动，并在暑假期间开设暑假托管班。在社会责任方面，驻湘西登高村扶贫期间，帮助村贫困发生率由28.7%下降到0.89%，以“零问题”成绩实现顺利脱贫。抗洪抢险、迎峰度夏、抗冰保电期间，湖南院全面完成电网抢险和建设任务，获“湖南省抗冰救灾先进集体”荣誉。此外，湖南院还积极参与共建“一带一路”，总承包的缅甸项目解决当地约940名劳工就业，带动上下游行业约2500人的就业，肩负以项目建设带动沿线居民就业，以资源采购促进当地经济发展，以捐建捐赠展现大国风采的央企担当。

近年来，湖南院先后荣获全国先进基层党组织、全国五一劳动奖状、全国模范职工之家、全国电力行业思想政治工作优秀单位等荣誉，2023年度获得国资委“双百改革”标杆企业称号，成为全国获此殊荣排名最高的勘测设计类企业。新征程上，湖南院将全面深入学习贯彻党的二十大以及二十届三中全会精神，大力践行中国能建《关于全面加强党的领导、加快高质量发展、深化系统改革和加强科学管理的若干意见》、“1466”和“四新”能建战略，认真落实中电工程党委各项决策部署，打赢企业“再出发、再发展”攻坚战，奋力谱写建设“行业领先、国内一流”国际工程公司的灿烂华章。

执笔人
李屹立　湖南院党委书记、董事长
欧阳永永　湖南院党群工作部主任
李　刚　湖南院党群工作部党建专责

点评 加强和改进混合所有制企业党建工作，不仅是时代发展提出的新要求，也是中央企业承担的政治使命，推动企业科学发展的必然要求。湖南院党委秉持“战略笃定制胜、差异化形成领先、创新支持跨越、文化传承永恒”四大工作法宝，积极推进混合所有制企业党建工作，因企制宜，多点突破，唱好战略、治理、基层、干部、文化党建“五部曲”，以高质量党建助推混改企业高质量发展。

“红背包”走进绿草原　小阵地释放大能量

咨询公司乌兰察布项目部党支部

摘　要

近年来，中国电力建设工程咨询有限公司（以下简称“咨询公司”）党委始终坚持以习近平新时代中国特色社会主义思想为指导，严格落实中国能建“三抓三强四到位”的党建工作要求，围绕三峡乌兰察布新一代电网友好绿色电站示范项目实际，以积极推动新能源开发建设为重心，结合项目“风光储”联合优化调度运行的优势特点，全力打造党建工作与项目建设深度融合的“红背包”党支部品牌，更好赋能项目稳步高效推进。

三峡乌兰察布新一代电网友好绿色电站示范项目位于内蒙古乌兰察布市四子王旗，是中国能建践行“四新”能建的重点新能源项目，咨询公司作为牵头单位与各相关单位组成工程总承包联合体。按照党组织应建必建要求，联合体总承包方联合成立乌兰察布项目部党支部。近年来，项目部党支部始终坚持以习近平新时代中国特色社会主义思想和党的二十大精神为指导，以积极推动新能源开发建设为重心，结合项目人员常年身挎背包出差的特点，打造了党建工作与项目建设深度融合的“红背包”党支部品牌。通过践行“五个背包”品牌含义，党支部在乌兰察布绿草原锻造出了一支不畏艰难、逆风而上、步履不停的党员队伍。2023年12月23日，乌兰察布新一代电网友好绿色电站示范项目150万千瓦成功并网发电，迈出了聚焦“30·60”双碳目标、加快构建“多能互补、绿色发展”能源新格局的坚实一步，为后续工程完全投运奠定了坚实基础。

一、“政策包”梳堵点，共画发展同心圆

乌兰察布项目部党支部主动与三峡新能源四子王旗党支部、天津电建新能源工程公司乌兰察布党支部以“平行结对”方式组成结对党支部。其间，结对党支部共同践行“央企责任”，充分运用支部“三会一课”、主题党日等学习平台，每月度召开一次联学会议。把学习习近平总书记重要讲话、重要指示批示精神作为联学会议“第一议题”，重点学习习近平总书记关于国资国企发展改革和党的建设、对能源领域作出的重要指示批示以及习近平总书记关于碳达峰、碳中和等方面的重要论述。项目部党支部牵头组织了“加强党建引领 助力乡村振兴”“学习载人航天精神”等“联学联建”主题党日活动，推动党建工作与生产经营工作深度融合。支部结合工程实际，加强合作、协同发展，积极参加三峡集团施工区“大党建”活动，促进发挥各自优势。结对方共同深入牧民家中“讲政策 解疑

“大党建”工作启动会

惑”，以“源网荷储”多元协同互动为导向，聘请外部专家论证，开展优化设计工作，主动融洽各参建单位关系，使结对党支部形成共谋高质量发展的共同体。

二、“技能包”解难点，引领项目创新绩

项目部党支部深入开展学习贯彻习近平新时代中国特色社会主义思想主题教育，牢牢把握“学思想、强党性、重实践、建新功”的总要求，针对建设高峰期的急难险重任务重点发力，充分发挥党员的模范带头作用。面对二、三期工程198台风机体量大、范围广、安全风险点多的吊装任务，项目党支部组织有丰富风机吊装经验的党员和年轻技术骨干力量组成了“党员突击队”，在草原恶劣极寒的自然环境中，保安全、控风险、抢抓吊装窗口期，实时监控风力，与草原上的恶劣天气斗智斗勇，凭借充分的施工准备，科学的施工组织和严苛的安全管理，多台主吊、数个作业面同时发力，保证高风险的吊装作业安全、质量和进度可控、在控，稳步完成风机吊装任务。实施“党建+技术创新”模式，鼓励党员带领年轻技术人员创新创效，积极参与科技创新研发。作为国内首个“源网荷储”一体化示范工程，项目成立“源网荷储QC小组”，总结优秀经验，开发创新工法，开展科技创新，针对“新一代储能技术”和“环境友好型能源建设”等方向进行创新总结，相关科技成果获得“2023年度中国电力协会质量优秀科技成果”。

三、“能量包”聚焦点，攻坚克难保品质

面对体量大、区域广、业态多、工期紧和冬季草原寒冷天气，在项目一期投运前的关键阶段，为如期实现储能升压站与智慧调度中心之间工程“主动脉”的调试任务，调试人员主动请缨，成立“党员突击队”，在严寒中风餐露宿、日夜兼程，在调试工作中做到“精益求精 密益加

密”，用一个个准确的数据，保证了各项设备技术指标平稳运行。在零下38℃的严寒中，党支部全体党员率先垂范，带领员工参加储能区域电缆敷设工作，经过3天的奋战敷设电缆100多千米，顺利打通了阻碍投运的瓶颈，仅用8个月就完成了500 MW新能源场站的建设，赢得业主与参建单位的高度评价。

四、“文化包”出亮点，用心用情解难题

项目部党支部积极践行群众路线，注重文化宣传与人文关怀，以多种途径丰富职工健康文体活动。持续开展“我为群众办实事”主题实践活动，解决了“草原深处用水、用电难”“农民工办卡难”等群众急难愁盼的问题，每季度举办“员工集体生日会”，不断增强员工的归属感与获得感。深入落实“健康能建”行动，抓实标准化营地建设，新建了足球、篮球、羽毛球、台球等基础文体设施，其中“草原上的足球赛”被国资委和中国能建公众号报道。

草原上的足球赛

五、“廉洁包”强重点，压实责任抓落实

项目部党支部聚焦项目建设和工程领域关键环节强化监督，将正面教育、警示教育和岗位教育相结合，深入开展廉洁教育警示工作。严格落实党风廉政建设“一岗双责”，开展关键岗位和履新人员廉洁教育谈话，组织开展“廉洁文化送一线”书法笔会，观看反腐专题片《零容忍》，推荐廉洁读物《人民的名义》《家风》等活动，将“建设廉洁工程”的理念植入人心，充分发挥监督保障作用，不断营造风清气正的干事环境和廉洁从业氛围，筑牢拒腐防变的防线。全面梳理项目廉洁风险点，开展廉洁风险防控工作；严格按照公司制度要求开展招投标工作，“三重一大”事项的决策通过相关会议集体讨论并公开表决。不断强化党风廉政建设，积极践行项目监察员工作，推动“大监督”向基层有效延伸，为项目营造了风清气正的干事氛围。

项目一期风电场

乌兰察布项目部“红背包”党建品牌的创建，释放着咨询公司党建的品牌影响力。在“五个背包”各项举措的实施过程中，项目部党支部充分发挥战斗堡垒作用，始终把保障工程建设，提高经济效益作为党建工作的出发点与落脚点，带领党员群众为工程建设汇众智、聚众力，出色完成了

项目部各项急、难、险、重任务。同时，项目部全体员工正铆足干劲，投入二、三期的工程建设中。项目建设期间，央视财经频道《大国建造》摄制组与《正点财经》栏目先后两次走进乌兰察布项目对工程建设进行拍摄、报道，讲好了能建故事，发出了能建最强音，极大提高了咨询公司的知名度与影响力。项目部获得中国能建“2022年度标杆工程”、中电工程“2021—2022年度先进集体”等荣誉称号。项目建成后，每年可利用清洁能源发电约63.32亿千瓦时，每年节约标煤203.27万吨，减少二氧化碳(温室效应性气体）排放520.53万吨，碳减排效益显著，将成为全球储能配置规模最大、比例最高的单体新能源场站，为构建绿色低碳循环经济体系、加快培育美丽中国建设的新质生产力蓄势赋能。

执笔人

何　皎　咨询公司党群工作部主管

贾建勋　原咨询公司乌兰察布项目党支部书记，
现任咨询公司工程咨询与监理事业部总经理

点评　由咨询公司牵头联合体总承包方，联合成立的乌兰察布项目部党支部，坚持守正创新、与时俱进，着力增强项目部党支部的政治功能和组织功能，有效发挥党员先锋模范作用，建立“红背包”党建品牌，推动“红背包”成为梳堵点的“政策包”、解难点的“技能包”、聚焦点的“能量包”、出亮点的“文化包”、强重点的“廉洁包”，让“红背包”走进绿草原，小阵地释放大能量。

“12345”工作法　擦亮党建融合创效品牌

云南院党委

摘　要

围绕贯彻中国能建党委“大党建、强党建”格局要求，突出“一流党建”引领，中国能源建设集团云南省电力设计院有限公司（以下简称“云南院”）党委积极探索构建并实施了“12345”工作法，即“一个目标、两个支撑、三个促进、四个融合、五个抓手”工作法，推动“促发展、保长效、解难题、增动能、夯基础”走深走实。这一系列举措不仅为党建工作与高质量发展的深度融合提供了全方位的支持，还通过“固根本、活脉络、赋能量、壮筋骨、撑腰杆”的路径，确保党的建设各项任务落到实处、见到实效，为企业的长远发展注入了强大动力、提供了坚强保障。

坚持党的领导，加强党的建设，云南院党委深化拓展“大党建、强党建”工作格局，以深入推进“一流党建”创建为目标，积极构建“12345”工作法。作为加强党的建设的有力抓手和有效载体，促进党建工作在更广领域、更深层次、更高水平上发展，推动党建工作与企业高质量发展深度融合，确保党建工作与企业高质量发展同频共振、深度融合，为云南院建设具有国际竞争力的现代工程公司提供坚强的政治保证和组织保证。

一、以“一个目标”的定力促发展，为深度融合“固根本”

坚持以高质量党建引领保障高质量发展为目标。旨在通过形式多样的党建活动、创新的党建模式和规范的组织生活等，提升党组织的凝聚力、战斗力和影响力，进一步推动党的建设和高质量发展深度融合。如年度党建主题工程开展、“七彩党建”品牌创建、特色党支部建设、主题党日等，持续强化政治引领、组织保障、品牌宣传、创新改进，引导广大党员坚定理想信念，发挥先锋模范作用，密切与职工群众的联系，推动实现党建工作与高质量发展的双赢。

“一个目标”锚定发展方向。有效把党建优势转化为竞争优势、创新优势和发展优势，强化基层党组织在重大生产经营事项中的决策参与和监督，发挥党员的积极性和创造性，增强党员的认同感与责任感。营造积极向上的企业文化，形成团结协作、共同奋斗、真抓实干、持续健康的发展环境，并通过紧密联结广大党员干部群众，构建团结一心的党建共同体，进一步推动形成互助、包容、帮带的发展模式，共同为企业的繁荣发展贡献力量。

二、以“两个支撑”的张力保长效，为深度融合“活脉络”

一是加强思想支撑，着重在“四个统一”上发力。做到意识统一，持续增强“四个意识”，自觉同党中央保持高度一致。做到理念统一，加强党员群众对于企业文化、战略规划的理解认识，形成共同的思想基础。做到价值统一，引导员工树立正确的价值观念，将个人的发展与企业的发展紧密结合起来。做到精神统一，通过表彰先进、树立典型等方式，激发员工的工作热情和创新精神。二是加强组织支撑，着重在“四个方面”上发力。组织架构方面，确保党组织的设置与生产经营紧密结合，实现全面覆盖和有效运作。党员队伍方面，努力建设一支政治素质高、业务能力强的党员队伍，使党员成为生产经营中的骨干力量和创新驱动者。工作机制方面，建立党建与生产经营相融合的工作机制，使党建工作与日常生产活动相融合。监督保障方面，加强监督和检查，为企业的健康发展提供保障。

开展“缅怀革命先烈，传承扎西精神”主题党日活动

“两个支撑”突出大抓基层。进一步提升“政治三力”，推动“两个维护”成为高度自觉。扎实开展党员学习教育，拓展学习形式，丰富学习载体，实现了分层级、全覆盖教育培训。进一步健全基层组织，坚决落实“四同步、四对接”要求，推动党的基层组织和工作全覆盖，确保企业改革发展到哪里、党的建设就跟进到哪里、党支部的战斗堡垒作用就体现在哪里，使基层党支部真正成为团结群众的核心、教育党员的学校、攻坚克难的堡垒。

三、以“三个促进”的效力解难题，为深度融合“赋能量”

一是促进改革创新。引导广大党员干部积极贯彻落实企业发展战略，抓好拓市增收、降本节支、科技引领、安全生产等工作，全面激发高质量发展的创新动力。二是促进转型升级。抢抓能源产业调整、绿色低碳转型、新能源产业布局等机遇，加大新能源市场开发力度，加大“投建营”一体化业务开拓力度，进一步激发全体干部职工攻坚克难、锐意进取的活力。三是促进作风转变。深化作风建设，让“真抓实干、马上就办”的作风在全体党员干部和职工中蔚然成风，营造风清气正、干事创业的良好氛围。

“三个促进”聚焦改革发展。依托“高层经营”“高端经营”赢得更多合作空间，形成了“能源规划搭台、电源选址夯基、联动部门协同、投资事业部统筹”的“规划引领—项目策划—项目落地”的“4+3”市场开发模式。

四、以“四个融合”的活力增动能，为深度融合“壮筋骨”

一是党建工作与推动发展真正融合。围绕中心抓党建、抓好党建促发展，把党建“第一责任”与推动发展“第一要务”真正融合，形成党建与发展“一盘棋”。二是党建工作与治理体系有机融合。贯彻“两个一以贯之”，把制度优势转化为治理效能，促进党委把方向、管大局、保落实，

在“投建营”一体化项目成立党员突击队

董事会定战略、作决策、防风险，经理层谋经营、抓落实、强管理作用有效发挥、高效运转。三是党建工作与生产经营深度融合。党建工作紧密围绕生产经营活动统筹谋划，把党建融入企业业务链、市场链、价值链、创新链、信息链等各环节各方面，为生产经营赋能，为创新发展护航。四是党建工作与重点任务全面融合。引导党支部和党员在重点工作任务上发挥党支部战斗堡垒作用和党员先锋模范作用，为高质量发展再添新动能。

“四融”强化协同共赢。抢抓“碳达峰、碳中和”、云南加快建设绿色能源强省等重大机遇，持续推动高效生产经营模式再迈新台阶，为地方经济社会发展贡献能建合力。积极优化业务布局，培育新兴增长点，在“云南区域新能源投建营项目”成立“党员突击队”保投产。

五、以“五个抓手”的合力夯基础，为深度融合“撑腰杆”

一是抓理想信念。突出“党的领导”为灵魂，突出“理论武装”为根基，突出“学用结合”为抓手，突出“方式创新”为手段，确保“关键少数”带动。二是抓支部建设。在压实责任上下功夫，在夯实基础上下功

常态化开展联学联建

夫，做到组织推动到位，规范管理到位，功能提升到位，扛牢“第一责任”，建强战斗堡垒。三是抓党支部书记。坚持抓在经常、严在日常、实在平常，提高党员干部党性修养，提升其组织协调能力，着力打造忠诚干净担当的党员干部队伍。四是抓组织生活。规范开展“三会一课”、主题党日、民主评议等工作，推动党内生活制度化、规范化。五是抓基础保障。明确年度党建工作主题，落实经费保障，推进工作任务清单化管理，提升工作标准化水平。

“五个抓手”突出点面呼应。党委与党支部间落实“四同”举措，围绕中心服务大局。以同绘“一张图”，细化举措建机制；以同上“一堂课”，深学共研促提升；以同谋“一盘棋”，精准发力解难题；以同建“一平台”，融合联动促发展。党支部与党支部间“三促”机制，建强战斗堡垒。党支部以联促学，先进经验互学共鉴；以建促融，同向发力互融共赢；以通促合，内外联动深化合作。党员落实“三心”工程，激发先锋模范作用。党员守初心，在深化学习上当先锋；增信心，在岗位建功上当先锋；砺恒心，在改革发展上当先锋。

国企党建工作的落脚点是提高企业效益、增强企业竞争力、实现国有企业保值增值。云南院通过“12345”工作法促进党建工作与高质量发展深度融合，全面提升了企业综合竞争力，取得了良好的成效。新形势下，云南院将坚持以习近平新时代中国特色社会主义思想为指导，深入贯彻落实党的二十大精神，努力探索把党建工作更好地融入企业高质量发展中的路径和方法，持续把党的政治优势、组织优势转化为竞争优势、创新优势和发展优势，为企业高质量发展提供坚实的政治保障和组织保证。

执笔人

何远成 云南院党委书记、董事长

王 亚 云南院党群工作部主任

赵国庆 云南院党群工作部副主任

点评 云南院党委构建实施的“12345”党建工作法，坚持目标导向，从思想建设、组织建设、内嵌工程等方面着手，积极探索了国有企业党建工作的方式方法和有效路径，起到了固根本、活脉络、赋能量、壮筋骨、撑腰杆的作用，有力推动了高质量党建引领企业高质量发展。

党建引领“蓄”动能　乘“水”破浪添动力

广西院水电事业部党支部

摘　要

中国能源建设集团广西电力设计研究院有限公司（以下简称“广西院”）作为中国能建目前唯一具有独立承担抽水蓄能项目全阶段勘察设计能力和业绩的企业，深入贯彻落实“四个革命、一个合作”能源安全新战略，积极服务新发展格局和国家“双碳”目标，担负起加快新型电力系统建设的使命责任，义不容辞成为集团内开拓抽水蓄能市场的主力军、排头兵。水电事业部党支部作为广西院负责抽水蓄能业务的核心部门，紧紧围绕集团公司“四大转型”核心发展理念，实施广西院水业务差异化发展策略，以“333”党支部工作方法激活新质生产力“红色动能”，实现党建工作与抽水蓄能业务开发融合创效，提炼出可应用可推广的抽水蓄能开发模式，为积极融入“四新”能建持续贡献力量。

广西院水电事业部党支部所在部门是广西院抽水蓄能业务市场开拓的核心部门。自2021年8月国家能源局印发《抽水蓄能中长期发展规划（2021—2035年）》以来，全国抽水蓄能市场呈现井喷发展态势。近年来，该党支部发挥水电牵头部门作用，持续践行“333”党支部工作方法，强化党建工作引领，贯彻新质生产力理念，以“三主模式”推进党建业务融通融合，以三大优势赋能团队建设，以三个抓手优化市场布局，凝心聚力开拓抽水蓄能业务。

一、聚焦“三主模式”，推进党建和业务融通融合

筑牢新质生产力思想“主阵地”。水电事业部党支部落实“第一议题”制度，集中学习习近平总书记关于“新质生产力”的重要论述，系统宣贯习近平总书记关于本行业业务领域相关的重要指示批示精神，贯彻落实中国能建《若干意见》和“1466”战略、中电工程改革发展新思路，将学习与实践工作融会贯通。经过学习和探讨，全体党支部成员深刻领悟到集团建设“四新”能建目标与发展新质生产力一脉相通，抽水蓄能作为高效的清洁能源，正符合集团绿色低碳化转型的鲜明导向，同时也是发展新质生产力在广西院的鲜明体现。党支部把理论学习、党建引领和高质量发展贯通起来，从思想高度上认识抽水蓄能项目对实现“双碳”目标的意义，实现了思想通、战略通，不断打造“一切向新质生产力看齐”的党支部。

助燃全面提质提效“主引擎”。围绕学习型党组织建设，党支部利用主题党日开展业务培训研讨，进行经验交流分享。党支部组织开展抽水蓄

抽水蓄能选址现场授课

能项目建设开发流程、项目特点、造价组成全方位系列商务技术培训，邀请老专家讲授抽水蓄能项目经验，外聘专家举办抽水蓄能电站设计关键技术培训班，着力提升整个团队业务水平。党员们各自负责一块抽蓄知识“责任田”，轮流上台宣讲，把主题党日打造成夯实业务基础、提升专业素养的“微课堂”。“微课堂”充分激发了党员的主观能动性，注重紧密联系工作实际，以生动直观的学习方式，有效促进了抽水蓄能工作全面提质提效。

唱响绿色低碳发展“主旋律”。为扩大广西院抽水蓄能业务影响力，水电事业部党支部积极行动，不仅拟定了重大抽水蓄能项目跟进计划表，还联合企业宣传部门策划跟进抽水蓄能开发成果，拍摄广西院抽水蓄能发展专题纪录片《山河为证 使命必达》，系统讲述广西院抽水蓄能工作从无到有、敢为人先的发展历程。全院党支部通过观看专题纪录片，共同开展学习水电人精神的主题党日。水电事业部党支部联合其他党支部多次到定点帮扶村小学进行绿色电力、低碳生活科普宣讲，开展爱心助学主题党日活动，为孩子们播撒下科学环保的种子。水电事业部党支部还以宣传为抓手促进生产经营，在中国能建、中电工程融媒体平台刊发抽水蓄能报道17篇次，彰显了广西院在水业务差异化发展方面取得的显著成效，也极大地提升了广西院抽水蓄能业务的知名度和美誉度。

党支部前往帮扶村小学开展科普宣讲

二、发挥“三大优势”，锻造素质过硬的开发团队

发挥党建与人才队伍融合发展优势。党支部班子成员全部是抽水蓄能市场开发业务的中坚力量，长年深耕在市场开发一线。针对难度高的项目，党支部组建党员先锋队，划分责任区。各队负责牵头抽蓄业务开发、踏勘、审查会议等事项，派出专员对接政府各级行业主管部门，排查敏感因素，为抽水蓄能站点开发、实施创造有利条件。聚焦新员工的培养，党支部为每位新入职员工配备1名政治导师和1名业务导师，分别侧重政治素养、爱岗敬业精神培育和业务“传、帮、带、督”培养指导，帮助新员工实现政治素质、业务能力双提升。同时组织员工前往重大项目现场进行参观学习，稳步提升员工的业务能力，不断完善员工的知识结构，以更好地适应行业发展的要求。

发挥水电差异化发展优势。建院伊始，广西院从红水河畔的水电站起步，截至目前完成了100多座、总装机容量近3万兆瓦常规水电站的规划、勘察设计工作，创下我国水电史上多个第一，成为推动两级集团水电业务发展的主力军。水电事业部党支部成立之初，从水电各部门抽调水电技术、商务骨干员工组成工作专班，成为抽水蓄能项目规划选址、市场开发天然的技术优势，让水利水电成为企业新的业务增长点。

党员们进行抽水蓄能电站勘探平硐现场查勘

发挥抽水蓄能技术数智化优势。党支部牵头水电片区技术力量，坚持技术创新与工程应用相结合，正在逐步打造抽水蓄能智慧工程平台，利

用物联网、云计算、人工智能、虚拟现实（VR）和大数据等技术，推动抽水蓄能设计、建造和管理的数字化、智能化。在市场开发中，党支部以抽水蓄能技术水平的提升不断提高服务质量，增加设计合同的含金量和附加值，进而增强广西院在抽水蓄能市场的核心竞争力。

三、突出“三个抓手”，促成规划和市场协同发展

区内项目守土有责。在完成广西大型抽水蓄能电站规划后，水电事业部党支部工作专班以党员负责制在广西区内布点，进一步推进广西中小型抽水蓄能电站规划工作，牢牢掌握广西区域各层级抽水蓄能电站选点规划的主动权。考虑到目前新能源蓬勃发展的趋势，抽水蓄能的储能作用越来越凸显。为进一步适应新能源的高比例接入系统，党支部派出骨干党员负责向省级能源主管部门积极争取省域系统需求的再分析工作，从而获取更多市场资源。

融入集团市场布局。水电事业部党支部积极融入中国能建“三位一体”市场格局，落实中电工程抽水蓄能“1+1+N”开发机制，加大市场开发力度，扩大抽蓄项目开发地域和勘察设计、工程咨询、总承包、基地一体化开发等细分市场，积极配合集团参与全国各地抽水蓄能电站高端技术咨询服务。党支部作为广西院的工作专班，配合两级集团多个兄弟单位进行抽蓄项目市场开拓，目前在西北、华北、华中、华南、西南等10多个省份开展了30余项抽水蓄能项目配合工作。

与南方电网调峰调频公司签约

择优开展项目合作。通过规划前沿优势，水电事业部党支部设专员加强与潜在投资商的交流对接，双方共同商定合作原则，做好站点资源的技术支持，完善与地方政府的对接工作，为拓展抽蓄市场开发提供更多渠道。尤其是后续中小型抽蓄项目布局，更可为广西院择优选择投资企业开展项目合作提供便利。

近年来，水电事业部相继承揽了广西南宁、新疆喀拉喀什、甘肃平川、山东蒙阴等区内外近20座、总规模超2万兆瓦抽水蓄能电站的勘测设计工作，为两级集团稳步开拓国内抽水蓄能市场作出了突出贡献。先后获得中电工程“先进集体”“国内市场开发杰出团队”等荣誉，党支部开展的工作获中电工程党建经营融合创效十佳案例，多位党员荣获中国能建、中电工程市场经营先进个人表彰。未来，水电事业部党支部将不断丰富广西院抽水蓄能业绩和经验，为配合两级集团相关单位进行抽蓄业务市场开拓提供强有力的技术支撑，为深度融入“四新”能建增强信心和底气。

执笔人

黄　军　广西院水电事业部党支部书记、总经理

曹德福　广西院水电事业部党支部副书记、执行总经理

韦全坚　广西院水电事业部党支部纪检委员、总经理助理

点评 作为一个国企基层党组织，广西院水电事业部党支部以“三主模式”推进党建业务融通融合，以“三大优势”赋能团队建设，以“三个抓手”优化市场布局，在此基础上，形成了具有鲜明特色的“333”党支部工作法，极大地激活了内部团队执行力、合力和战斗力，还从中孵化出赋能抽水蓄能开发的新模式，富有实效，值得借鉴。

党员“五带头” 实干谱新篇

黑龙江院党委

摘 要

抓基层党建就是抓发展，抓发展必须抓基层党建。基层基础工作一直是中国能源建设集团黑龙江省电力设计院有限公司（以下简称“黑龙江院”）党委的工作重点。黑龙江院党委通过推行党员带头深学细悟、带头笃行实干、带头服务群众、带头严于律己、带头弘扬正气“五带头”行动，开展一系列主题活动，牢固树立“一个支部就是一座战斗堡垒，一名党员就是一面鲜红旗帜”的鲜明导向，有效促进基层党建与生产经营深度融合，以高质量党建引领企业高质量发展。

近年来，黑龙江院党委以党员“五带头”为抓手，注重思想、能力、宗旨、廉政、作风建设，坚定了党员干部理想信念，提高了工作能力，增强了归属感和凝聚力，构建了积极向上的企业文化。广大党员干部率先垂范、勇于担当，以实际行动投身于企业改革发展新征程中，为企业高质量发展注入力量。

一、带头深学细悟，推动党的创新理论入脑入心

在新时代新征程中，黑龙江院党委坚持以习近平新时代中国特色社会主义思想为指导，以党的创新理论凝心铸魂，引领正确发展方向，全体党员干部聚焦学习贯彻党的创新理论，通过多样化学习路径，提升广大党员的政治自觉与使命担当，为企业发展筑牢思想根基。

2023年，全体党员紧密围绕学习贯彻习近平新时代中国特色社会主义思想和党的二十大精神这一核心主线，积极参加公司党委精心组织的各项学习活动，充分利用“学习强国”“能建学习”等数字化学习平台，观看专题视频、深入研读相关文章、积极参与线上讨论，不断丰富个人的知识储备，切实提升理论素养。每位党员结合自身工作岗位的实际情况与特点，详细制订个人年度学习计划，明确学习目标、内容及时间安排，确保计划既具可行性又富实效性。在学习过程中，党员们坚持撰写心得与体会，以文字形式记录下深刻的思考与感悟，进一步巩固、深化了学习成果。这一系列丰富多彩、形式多样的学习活动，极大地促进了广大党员对党的创新理论的全面理解与深刻把握。

二、带头笃行实干，推动生产经营硕果累累

围绕生产经营中心工作，黑龙江院党委始终发挥着至关重要的引领作用，推动企业向高质量发展稳步前行。面对生产经营过程中的各种挑战和困难，党委班子成员冲锋在前，牵头组织成立以党员骨干为核心的多个工作专班，指导开展科技创新、新能源市场开发等多个攻坚活动。经过全体党员的共同努力，黑龙江院在科技创新与生产经营方面均取得了显著的进步与长足的发展。

2023年，黑龙江电网建设迎来前所未有的高峰发展期，作为黑龙江省电力规划智库单位和电网设计的主力军，黑龙江院电网党支部勇于担当，

承接并高效完成了大部分电网规划和设计重任。特别是牡丹江中山—绥芬河220千伏线路工程，作为黑龙江省电力公司的一项重点建设项目，全长达85公里，其路径穿越的主要是深山密林区域，这里不仅蚊虫众多，还常有野猪、狍子等野生动物出没，给工程的勘测设计工作带来了前所未有的挑战。为确保该项目能够高质量且高效地推进，公司党委迅速响应，果断决策，批准成立了由电网党支部与勘测党支部强强联合的“牡丹江中山—绥芬河220千伏线路工程党员突击队”。党员突击队是凝聚精神的旗帜，面对困难意志如钢，团结带领着整个团队在野外恶劣的作业环境中勇往直前。同时，党员突击队也是技术突破的尖兵，带动项目团队充分利用现代科技手段，如无人机航拍、卫星遥感技术等，大幅减少人员直接暴露于恶劣自然环境的时间，显著提升勘查的精确度和工作效率。党员突击队的出色工作，不仅展现了党员们勇于探索、敢于创新的精神风貌，也为整个项目的顺利推进奠定了坚实的基础。经历一个月的艰苦奋斗，项目如期圆满完成，得到了省电力公司的好评。

“党员突击队”在项目现场

三、带头服务群众，推动党群关系紧密和谐

黑龙江院党委始终坚持群众路线，引导党员干部始终把职工群众利

益放在心中，坚持到困难多、群众意见集中、工作打不开局面的地方去，真正把情况摸清、把问题找准、把对策提实，做到关心关爱“有温度、有厚度”。

2023年，学习贯彻习近平新时代中国特色社会主义思想主题教育深入展开，科信部与综合保障部党员积极响应，勇挑重担，以实际行动践行党员“五带头”，成功解决了信息平台优化、后勤保障强化、职工体检保障提升等15项职工急难愁盼问题，显著提升了职工的幸福感和工作满意度。第35届冰雪节期间，“尔滨”成为旅游热门地，外地游客纷至沓来。第二综合党支部迅速行动，组织支部党员在清晨与深夜，为坚守岗位的环卫工人送去爱心手套与温暖围脖，用实际行动传递党组织的关怀与温暖，让“城市美容师”在寒冬中感受到家的温馨。与此同时，第三综合党支部则组织党员前往“七三一部队罪证陈列馆”开展志愿服务活动。党员志愿者们不仅协助维护现场秩序，引导游客有序参观，还主动承担起历史讲解员的角色，用生动的语言和真挚的情感，向游客们讲述那段沉痛而屈辱的历史。这一系列活动，展现了国企党员的责任与担当，温暖了人心，更弘扬了爱国主义精神，也进一步密切了党群关系，有效提升了党组织的凝聚力和战斗力。

为环卫工人送爱心

四、带头严于律己，推动纪律规矩落实落细

风清则气正，气正则企兴，良好的政治生态是国有企业健康发展的根本保证。黑龙江院党委扎实开展党纪学习教育，通过制定和完善相关制度和规定，明确党员干部的行为规范和廉洁自律要求，用严的基调为企业高质量发展保驾护航。

党纪学习教育期间，黑龙江院党委成员率先垂范，依托党委中心组学习、读书班及专题辅导，仔细研读习近平总书记关于全面加强党的纪律建设的重要论述与《中国共产党纪律处分条例》（以下简称《条例》），为党员干部树立标杆。广大党员通过“三会一课”、指尖学习平台，原典研读《条例》，校准思想、规范言行，做到常怀敬畏之心，坚守底线，确保工作实效。黑龙江院党委还创新开展以案说德、以案说纪、以案说法、以案说责的“以案四说”警示教育，组织党员干部实地参访哈尔滨新区廉政教育基地，亲历反腐纪实，直观感受贪腐之祸。“沉浸式”学习、本土案例剖析等创新学习形式，深化了党员干部的廉洁文化教育、反面案例警示与理想信念教育，促使党员干部更加注重自我约束，严于律己，让廉洁从业的理念深入人心。

党纪学习教育专题会

五、带头弘扬正气，推动企业风尚向善向上

黑龙江院党委全面加强精神文明建设，积极弘扬社会主义核心价值观，广泛开展社会公德、职业道德、家庭美德、个人品德教育，营造出企业内部积极向上、风清气正的良好环境。

每年“七一”前后，公司党委隆重召开党员大会，表彰优秀党员与先进基层党组织，肯定他们在工作中的卓越表现与显著成就。这些受表彰的人物与团队，在各自岗位上以身作则，彰显共产党员的先进性和纯洁性，为全体员工树立榜样。同时充分利用企业网站、微信公众号等渠道，广泛传播先进事迹与崇高精神，提升党员队伍的向心力和战斗力。基层党支部亦积极响应，常态化开展“党员之星”等评选活动，挖掘并树立党支部内部典型，通过实际行动鼓励党员在社会公益、职业道德等多领域发挥表率作用，如参与文明倡导、志愿服务等，全面展现党员风采，促进企业与社会和谐发展。

后续，黑龙江院党委将继续以习近平新时代中国特色社会主义思想为指导，深化党建引领，坚持与时俱进，围绕中心、守正创新，对党建创新创效工作经验进行总结和提炼，提升可操作性、指导性和广泛性，努力将党建工作成果转化为引领保障企业高质量发展的强大动力。

执笔人
张明杰　黑龙江院党群工作部主任
常　健　黑龙江院团委书记

点评 黑龙江院党委在新时代的征程中，通过深学细悟、笃行实干、服务群众、严于律己、弘扬正气等党员“五带头”举措，有效提升了党员队伍素质，为企业高质量发展提供了强有力的组织保障，是践行党建引领企业高质量发展的生动实践。

擎起党建风帆　助企“破茧成蝶”

辽宁院党委

摘　要

近年来，中国能源建设集团辽宁电力勘测设计院有限公司（以下简称“辽宁院”）党委通过健全“强党建促发展”融合体系，深化探索“党建+”模式，发挥“三个融合”效应，即构建党建+“141”学习教育模式，在统一思想凝聚共识上全力融合；建立党建+生产经营难点工作模式，在破解难题上深度融合；探索党建+人才培养模式，在人才输送上强化融合，真正将党建优势转化为发展优势，助力企业高质量发展。

近年来，辽宁院受到国内电力市场紧缩和竞争白热化等多重因素的影响，企业发展面临诸多严峻挑战。党建在企业面临困难和挑战时如何更好地发挥引领方向、凝聚人心、激发活力的作用，成为摆在企业面前的重要课题。经过深入研究，辽宁院党委决定健全“强党建促发展”融合体系，通过“党建‘三个模式’发挥‘三个融合’效应”的工作路径，凝聚共识、破题解局、稳定队伍，带领广大党员职工面对困境迎难而上，将党建优势转化为发展优势。通过一系列党建创新举措，去年辽宁院传统业务保持稳定增长、开发投资业务取得新突破、协同总承包项目取得新成果、市场统筹和规划引领政企合作取得新成绩，同时辽宁院在推进管理精细化和科技创新方面也取得了显著成效，整体呈现出高质量发展的良好态势。

一、党建+“141”学习教育模式，汇思想聚共识

“1”是指领导班子带头示范学，每月围绕1个主题进行学习研讨。主题教育理论学习阶段，党委领导班子开展8天读书班，围绕党的建设、东北全面振兴、能源产业发展等专题，认真研读《习近平著作选读》《习近平新时代中国特色社会主义思想专题摘编》《论党的自我革命》等学习材料，紧密结合分管领域、岗位职责和有关业务板块交流研讨，并指导党支部开展系统性理论学习，推动学习成果转化，提升顶层设计能力。

“4”是指各级党组织通过集中学、个人自主学、“三会一课”、主题党日4个学习途径，打通党的理论传播“最后一公里”。聘请省委党校教授为党员干部作《习近平著作选读》专题辅导；党委书记向全体党员讲贯彻落实党的二十大精神主题教育专题党课，领导班子分别到基层讲党课；党支部分别组织党员到锦州辽沈战役纪念馆、“九一八”历史博物馆、抗美援朝纪念馆进行实地学习，开展“源网荷储”主题党建系列活动，以多样化主题党日丰富党建形式载体，充分发挥党建优势，推动党员以学促干，蓄力赋能企业发展。

第三综合党支部到辽沈战役纪念馆实地学习

“1”是指党建带团建促进学，释放青年力量。通过党支部书记述职、青年模范经验交流分享等形式，实现青年在党支部之间、党小组之间、党员之间的互学互促。坚持挖掘青年潜力，搭建青年沙龙平台，开展“学习贯彻习近平新时代中国特色社会主义思想”主题青年宣讲比赛，聆听青年心声，积极为青年干部发展铺路搭桥。组建青年理论学习小组，开展常态化、自主化学习活动，培养青年干部独立思考、解决问题的能力，提升企业新生代综合业务水平。

辽宁院团委与东电一公司团委开展联学联建

在“141”学习教育模式下，各级党团组织齐发力，将学习成果转化为实干实效，最大限度凝聚了发展共识，为推动辽宁院各项事业再上新台阶赋能铸魂。

二、党建+生产经营难点工作模式，破难题深融合

前瞻谋划，增强“破题”的行动自觉。创新建设“破题”管理机制，建立由党委领导、业务协同、支部落实的“三层责任体系”，构建由专业需求发起、党建载体赋能、党建价值转化的“六步实施路径”，打造“五强保障机制”，使党建工作与企业战略、生产经营同频共振，把解决生产经营难点作为加强党建工作的重点。辽宁院提出“强基础、转作风、勇担

当、聚合力”倡议，针对“扩大市场份额，谋求经营效益最大化”破题，鼓励职工全员参与市场开发与经营，高效整合企业和个人的资源优势，完善相应的激励机制，设立非专职市场开发个人贡献奖、市场经营贡献奖，并对受表彰的个人和集体给予奖励，有效激发了全员参与经营创效的热情。纵深推进适应性组织建设，组建双碳研究中心，深度参与省市“双碳”制度、标准和数据平台建设，构建高端咨询智库；成立西藏、新疆、内蒙古区域开发机构，组建总承包分公司、科技信息部，多项EPC及勘察设计项目陆续落地，推动了战新领域科技创新工作。破题成果不仅鼓舞了员工士气，坚定了信心，更使企业市场竞争力进一步提高，新签合同额和利润额也持续提升。

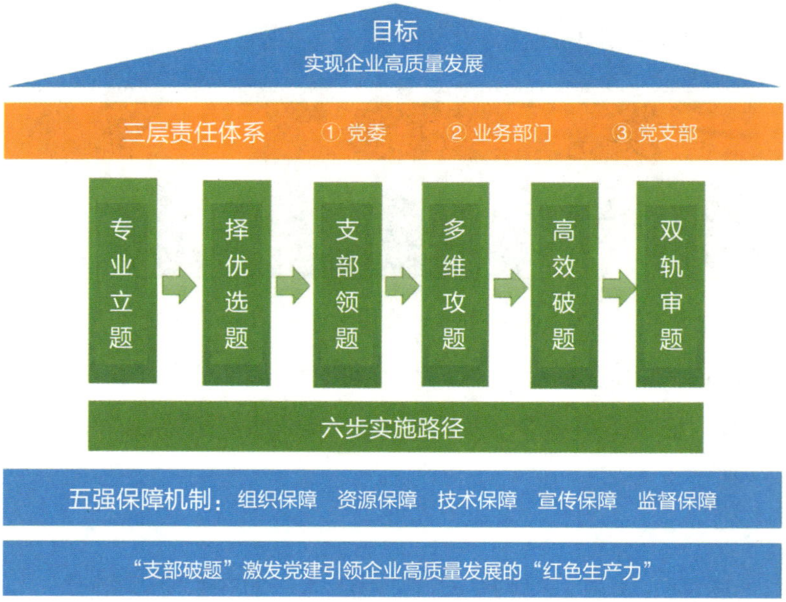

“破题”机制实施图示

大抓基层，激发“破题”的强劲动能。坚持狠抓基层组织建设，细化各级党组织和领导班子成员责任清单，构建定责、考核、评议、问责“四位一体”工作机制，全面做到党建工作和经营业绩考核有机统一，构建了党委决策规范化、支部建设标准化、党建运行系统化、党建功能融合化的党建“四化”体系，实现“双融互促”大党建格局。此外，党委以职工所盼、上级所需、创新所向的“急难险重新”问题为导向，确定了“如何实施人才工程，推进人才强企战略”“如何提高勘测设计质量”“如何进一步提高项目监察效能”等27个专项调研主题和常态化调研主题。党委班子成员实施“值班督战计划”，深入两个风电EPC项目一线和基层联系点，深耕调研“基本功”，制定急难愁盼问题清单，解决了一系列民生问题，如将吸烟区与办公区完全分离、举办退休仪式、恢复食堂外卖服务等，用实际行动诠释了为民服务的责任担当。

党委领导班子到总承包现场、基层联系点实地调研

三、党建+人才培养模式，创机制强队伍

强化“两培养一输送”机制，加强政工队伍建设。辽宁院根据“两培养”情况，建立党员骨干信息库，制订“输送”方案，把党员骨干输送到重要岗位，发挥先锋模范带头作用。坚持“双向交叉”任职要求，选优配强党支部书记，打造出一支懂党务、懂业务、懂管理，政治过硬、作风过硬、廉洁过硬的党支部书记队伍。将党务工作岗位作为培养复合型人才的

重要平台，加强了基层党建力量的配备。辽宁院创新人才培养机制，通过竞聘上岗、“揭榜挂帅”等方式选拔干部，鼓励“能人举手”，开展“赛马选帅”。这一系列举措不仅使党员队伍建设质量持续提升，还让党员成为企业最优秀的人力资源，夯实了企业高质量发展的人才根基。

实施“4+N”人才工程，推动人才赋能强企。辽宁院紧紧围绕企业“十四五”发展规划和人力资源发展规划，实施“4+N”人才工程，力争到“十四五”期末建立4支专业队伍，即经营管理骨干队伍、卓越工程师队伍、科技领军人才队伍、优秀项目经理（总承包）队伍，以及N个专业领域人才队伍，打造一支业务素质过硬、各类领域齐备、支撑战略实现的人才梯队。将鼓励干部职工外部挂职、内部轮岗作为建立“4+N”队伍、培养复合型人才的重要举措，每年输送超过10人到上级单位、省发改委和省电网公司挂职借调，同时开展企业内部挂职交流，个人业务水平和管理能力得到双重提升，为企业开创各项事业提供了各类顶尖人才后备军。通过实施“党建+人才”模式，辽宁院近一年来具有高级及以上职称人员调离岗位人数同比前3年大幅减少，人才流出严重的问题得到了进一步改善。

辽宁院党委将“红色引擎”植入改革深水区，构建“三个模式”，发挥“三个融合”效应，着力打破内部资源壁垒、打通发展瓶颈，推动党的建设与中心任务目标共融、责任共负、成果共享、发展共谋，锤炼了党员干部“啃硬骨头”的担当精神，开创了企业展翅腾飞的崭新局面，历经多年持续攻坚，企业主要历史遗留问题实现破局，成功将“问题清单”转化为“成效清单”，迎来了轻装前行与价值再造的双重突破。辽宁院连续两年获得经营业绩考核A级，先后获得“省（中）直企业先进基层党组织”、中电工程“先进基层党组织”等荣誉。未来，辽宁院将坚持围绕“四新”部署和“两商”定位，以奔跑者的姿态奋力推动企业迈向更高水平发展阶段，实现以高质量党建引领企业高质量发展的目标。

执笔人

何赞峰　辽宁院党委书记、董事长

毛丽莉　辽宁院党群工作部主任、工会副主席

周为华　辽宁院党群工作部副主任、团委书记

刘茜茜　辽宁院党群工作部宣传管理师

点评 辽宁院党委深化探索“党建+”模式，以“三个融合”同频共振实现党建融合创效，切实发挥党建对中心任务的导向和支撑作用，助力企业开创了崭新局面。案例以“破题”为引，分析企业发展过程中的难点，用具体举措体现成果，切实将党的政治优势转化为企业的发展优势，实现了党建成果与企业经营效益比翼齐飞。

“点亮雄安”助力未来之城“拔节生长”

天津院内蒙古雄安党支部

摘　要

近年来，中国能源建设集团天津电力设计院有限公司（以下简称“天津院”）内蒙古雄安党支部深入学习贯彻党的二十大精神和二十届三中全会精神，聚焦京津冀协同发展及雄安新区的建设，围绕“点亮雄安”工作思路，坚持强理论、强组织、强队伍、强信仰，扎实推进党建与生产经营融合创效，充分发挥党支部战斗堡垒作用和党员先锋模范作用，抢抓京津冀协同发展与雄安新区建设的历史机遇，积极履行社会责任，展现央企担当作为。

天津院内蒙古雄安党支部是天津院党委积极响应国家号召，为内蒙古能源转型与雄安新区建设贡献力量而专门成立的党支部。党支部成立于2022年，由10名平均年龄不到31岁的党员组成，他们朝气蓬勃、专业精湛、勇于开拓、冲锋在前，是天津院改革发展的生力军。他们主持多项重点规划与设计项目，充分展现青年党员的智慧与担当。党支部不断探索新路径，以“点亮雄安”工作思路为党建抓手，打造红色文化风向标，用红色力量点亮未来之城，助力雄安拔节生长。

一、“点”——点面结合强理论，思想有了“定盘星”

学习党的创新理论，感悟时代担当。内蒙古雄安党支部坚持在读原著、学原文、悟原理上下功夫，不断增强党员深化理论学习的思想自觉和行动自觉。党支部书记带头学，充分运用“第一议题”、“三会一课”、主题党日等多种形式，学习习近平总书记关于国有企业改革和党的建设的重要论述，尤其注重学习习近平总书记对雄安新区的重要指示批示精神，领会把握其中的新思想、新观点、新论断，紧盯区域经济形势，瞄准前进方向，以所学助力国家重点战略区域——京津冀协同发展及雄安新区的建设。

注重理论联系实际，推动成果转化。党支部注重学习贯彻习近平总书记有关京津冀发展的重要论述和重要指示批示精神，把京津冀协同发展政策与天津院主营业务紧密结合，把实践探索与天津院潜能紧密结合，围绕着力解决一批政策所需、业务所需、改革所需的目标，通过党建联建，与业务往来基层党组织共同研读区域政策、交流心得、达成共识，发挥党建引领优势。

与合作单位开展理论学习

二、“亮”——亮明身份强组织，区域有了“桥头堡”

党建引领扬帆起航，开启京津冀一体化新篇章。在上级集团战略引领下，天津院党委提前布局，成立雄安分公司，同步成立内蒙古雄安党支部，这一举措标志着天津院在雄安新区市场开发和业务拓展方面迈出了坚实的一步。随着分公司在雄安新区的正式迁址并揭牌，雄安正式成为天津院市场开发战略的关键一环，此举不仅推动了天津院迈向更高层次的市场平台，还助力其构建立体式市场营销网络。这既是深耕京津冀一体化战略的重要里程碑，也标志着天津院在雄安新区的规划、咨询设计、建设、投资工作的再出发。内蒙古雄安党支部乘势而上，以“资源共享、优势互补”为目标，推动党建融入中心工作，搭建党建联建平台，与相关单位活动同组织、党员同教育、学习同进行，不断提高党支部的战斗堡垒作用，提高基层党建工作覆盖面和影响力，全力打造基层党建标杆，创建特色党建品牌。

党建引领区域协同，共绘高质量发展合作蓝图。内蒙古雄安党支部始

与合作单位开展联学联建业务交流

终坚持党建引领，强化组织保障功能，立足区域特色，与属地管委会、城市平台发展公司、综合能源公司等政府企业单位携手共进，以党建联建与党建带团建为桥梁，构建了规划设计咨询、工程对接及市场融合发展的高效合作与交流机制。在规划咨询方面，承接重点片区能源电力控制性详细规划及专项规划编制，承接雄安新区“碳达峰行动方案”规划，占据雄安新区电网的领先优势，为深度市场开发提前做好了铺垫。在勘察设计方面，深度参与雄安新区三张网的工程勘察设计和专题研究，电网设计业务呈现逐步增长态势；承接专题专篇、规范标准制定40余项；完成总投资约3亿元项目的评审工作，并承揽容东片区D2组团安置房输变电工程等多项重点民心工程。以联建为平台，各单位通力合作，共同为雄安能源电力建设提供最新的技术支持和服务，赢得了雄安新区相关单位的认可和赞扬。

三、“雄”——雄心壮志强队伍，攻坚有了“排头兵”

党员突击勇担当，共克时艰抗疫情。在抗击新冠疫情的严峻时刻，雄安新区工程建设遭遇重重阻碍，人员流动受限，工作遇到前所未有的挑战。支部党员作为电力设计支持单位中的先锋力量，是最早一批重返新区的工作者，他们迅速组建抗疫党员突击队，坚守在防疫最前线。突击队党员以实际行动践行入党誓词，不仅在疫情保电上全力以赴，还深入社区开展防疫志愿服务，为重点防疫临时建筑提供供电保障，以优质服务为新区发展保驾护航。

党员冲锋第一线，打好防汛抢险仗。面对汛情来袭，内蒙古雄安党支部积极响应党中央号召，深入贯彻防汛救灾精神，迅速成立防汛党员突击队。全体党员郑重签署防汛救灾责任状，以高度的责任感和使命感，闻“汛”而动，听令而行，迅速投入防汛救灾抢险工作中。他们身先士卒，冲锋在前，用实际行动彰显了共产党员的先锋模范本色，为防汛救灾和灾后恢复重建提供了坚实有力的支持。

四、“安”——安若磐石强信仰，群众有了“主心骨”

心系群众办实事，温馨家园筑根基。内蒙古雄安党支部牢记“以人民为中心”的理念，构建温馨“党员之家”，通过定期组织慰问活动，关怀驻蒙、驻雄地区的员工及其家属，并开展常态化的谈心谈话，有效减轻了员工和其家属的思想负担，营造出如家般的温暖氛围。党支部坚持“办快事、办实事”，深入群众，精准对接需求，夏季送清凉、冬季送温暖，将关怀落到实处。同时，支部积极利用新媒体平台加强宣传，固化交流机制，总结推广好经验，形成长效机制。

志愿服务献爱心，党员先锋树典范。内蒙古雄安党支部强化党员志愿者服务队建设，围绕“居民安全用电”“碳中和、碳达峰”等主题，多次在雄安新区容东安置区、三贤文化公园、渥城东社区、白洋淀广场开展便民咨询与服务，增强群众绿色低碳意识。同时支部党员在天津院承建的雄安新区重点工程现场“亮身份、亮形象、亮承诺”，发放知识手册、宣传资料并现场讲解电力知识。党员服务队还深入学校，开展助学助教活动，传递爱心与温暖。通过一系列志愿服务行动，赢得了广泛赞誉，雄安分公司荣获天津市“青年文明号”荣誉称号，党员先锋形象深入人心。

支部党员向居民介绍安全用电知识

内蒙古雄安党支部抓基层打基础，带队伍激活力，善融合创价值，引领推动天津院抢抓雄安新区及内蒙古自治区市场布局。未来，内蒙古雄安党支部将继续发挥示范引领作用，推动区域市场的协同发展与创新发展，同时加强内部管理与团队建设，提升整体竞争力和服务水平，积极履行社会责任，为区域经济社会发展注入红色新动能，为雄安建设贡献力量。

执笔人

李　壮　天津院内蒙古雄安党支部书记、雄安分公司总经理

尚　华　前天津院党群工作部专责

点评 天津院内蒙古雄安党支部聚焦国家发展战略，坚持以党建为引领，以“点亮雄安”工作思路推动工作高效开展。点面结合强理论，让思想有了“定盘星”；亮明身份强组织，使区域有了“桥头堡”；雄心壮志强队伍，令攻坚有了“排头兵”；安若磐石强信仰，叫群众有了“主心骨”。党支部工作扎实有效，方法得当，成效显著。作为一支年轻的队伍，他们行而不辍，在“未来之城”未来可期。

构建“六维党建双循环系统”特色党建品牌

陕西院党委

摘　要

中国能源建设集团陕西省电力设计院有限公司（以下简称“陕西院”）以“六维党建双循环系统”党建品牌建设为路径，探索具有可行性、高效性、创新性的“党建+融合”工作模式，聚焦思想建设、机制建设、关爱建设、作用建设、项目建设、作风建设，塑造有深度、有力度、有温度、有热度、有亮度、有广度的“六维”党建“新品牌”，构建党委决策规范化、支部建设标准化、党建运行系统化、党建功能融合化“四化”新体系，推动企业改革发展管理党建同向发力。

近年来，陕西院党委启动了“六维党建双循环系统”特色品牌建设工作，落脚于党建工作指导思想时代化、规章制度长效化、阵地建设标准化、服务群众常态化、活动载体特色化、工作责任清单化六个方面，形成党建和生产经营两手抓、两促进的良好局面。通过精益构建“六维党建双循环系统”品牌，实施党建品牌亮化工程，陕西院激发起“党建强基，融合强企”的双循环系统“新动力”，有力推动了党建为生产经营赋能、为改革创新发展护航。

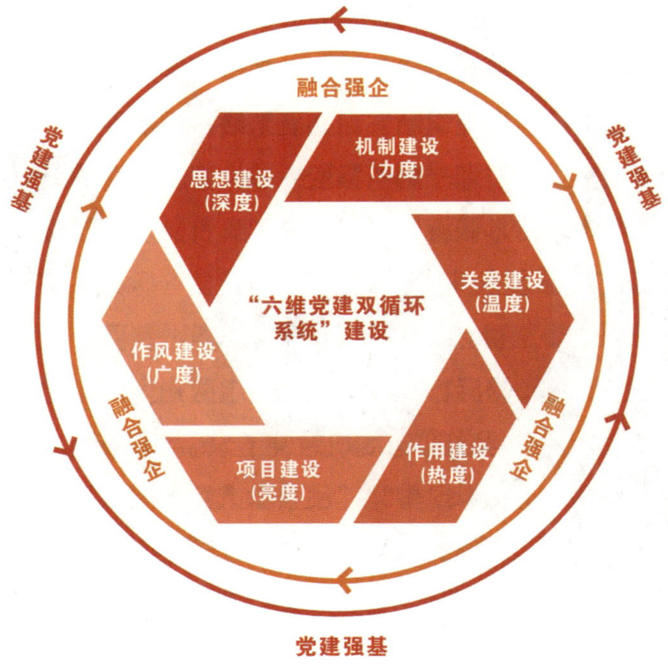

“六维党建双循环系统”思维导图

一、聚焦思想建设，构建“123”学习教育模式，做“有深度”的党建

着力构建“123”学习教育模式。“1”即学习贯彻习近平新时代中国特色社会主义思想这一主题贯穿始终；“2”即“第一议题”和中心组学习两个渠道双管齐下；“3”即党委、党支部部门、党员员工三个层面联动推进，突出学习成效。在员工中开展“6+N读书”活动，确立每年1月为学习月，引导党员干部每天至少抽出三十分钟学习理论，按照“6+N”菜单式确定学习内容，做到学习教育全覆盖。“6”指的是习近平新时代中国特色社会主义思想理论体系、政策法律法规、市场经济、党风廉政建设、两级集团重要会议、公司重大工作部署六个必学专题；“N”指的是由各党支部和各部室结合自身工作职能和工作实际，自行确定选修课题。

“123”学习教育模式与开展“联学联建·融通融合‘六个一’”主

三家联建单位共同走进陕西省宝鸡市凤县革命教育基地开展现场教学

题行动双轮驱动，促进融会贯通。陕西院与西北电力试验研究院和西北城市建设有限公司党委结成对子，平台共建、信息共享。党支部通过联学联建方式，纷纷走进延安宝塔区麻洞川镇农光互补发电项目，走进梁家河、照金、南泥湾等革命教育基地，开展联学联建主题行动30余次，并在电网、新能源、综合能源、智能配网、生态治理和城乡建设等方面加强学习交流与合作，在市场开发、科技创新等方面结出新的硕果。

二、聚焦机制建设，搭建“四化”体系，做“有力度”的党建

党委决策规范化。2023年，完成“两委”换届选举工作。进一步完善“三重一大”决策制度和前置研究事项清单，开展董事会建设、任期制和契约化管理等改革行动。

支部建设标准化。规范党支部“规定动作”，做好台账管理，落实党

召开党员大会圆满完成“两委”换届选举工作

员领导干部双重组织生活、联系点制度和讲党课制度。

党建运行系统化。建立党建“1+3”制度标准体系；建立“工作运行”机制，按照“年计划、季例会、月安排”原则开展工作，按照“月督查、季考评、年考核”方式严肃工作纪律；完善党支部书记抓党建“述职评议”机制和清单管理机制。

党建功能融合化。坚持党建与战略规划融合，战略思路日益清晰。围绕贯彻落实中国能建和中电工程一系列新战略、新思路、新举措，提出了全新的企业愿景、历史任务、发展规划等。坚持党建与生产经营融合，经营绩效大幅攀升，三大指标均创新高。坚持党建与深化改革融合，体制机制发生深刻变革。完成国企改革三年行动，进行了一系列适应性组织建设和内部资源整合，提升企业质效。坚持党建与管理提升融合，企业治理效能不断提升。推进“334”工程，逐步形成“战略引领+业务支撑+全面预算+精确考核+过程管控”的一体化现代企业管理运行机制。坚持党建与创新驱动融合，信息化数字化赋能转型发展。构建了“234”信息化发展架构体系和“3+N”差异化科技创新体系。坚持党建与队伍建设融合，搭平台促成长激发活力。加大优秀年轻干部轮岗、交流、挂职力度，全面开展基层干部竞争性选拔。

三、聚焦关爱建设，打造“三心”工程，做“有温度”的党建

打造“读心工程”，畅通诉求渠道，倾听员工心声。通过“员工接待日”、合理化建议专栏、职工热线等平台，实现沟通零距离。通过班子调研、谈心谈话，实现面对面答疑解惑。打造“暖心工程”，员工利益至上，全力办好实事。深化“我为群众办实事”活动，新建成的母婴关爱室荣获陕西省总工会最高级别“三星级省级示范点”称号。打造“通心工程”，宣传文化引导，树立发展信心。全面重塑“一元三基六色”多彩融合特色企业文化。新闻宣传打造“最好看的微信，最活跃的网站”。

特邀中医专家为项目部员工提供健康咨询和治疗服务

四、聚焦作用建设，构筑“三型”战斗堡垒，做“有热度”的党建

锻造学习型党支部。推行集中组织学、潜心自主学、专题培训学、红色讲堂学、讲授党课学、网络在线学等六种学习模式。锻造战斗型党支部。建立“党支部—分公司（中心）”联动机制，以党建融管理；推行“双培双推”制度，以党建融队伍；实施“1+1”基层党建联系机制，以党建融产业。锻造创新型党支部。在重点工程成立临时党支部、党员先锋队、党员攻关组等，开展“创新促发展”党性教育活动。

在重点工程成立“党员先锋队”

五、聚焦项目建设，推进“三强四到位”，做“有亮度”的党建

党委突出“三强”。建强项目党组织，配强工作力量，把项目“急难

险重新”任务作为党建工作重点，加强考核评价。项目党组织突出“四到位”。匠心打造党员活动室，办好“项目课堂”，积极与业主和施工方开展联学共建。开展“三保三创三提升”“党员身边无事故”等项目党建活动，着力解决工程建设中的热点难点问题。鼓励一批年轻干部和党支部书记到总包项目上挂职锻炼。及时报道项目动态和企业实力。

六、聚焦作风建设，正风肃纪“四强化”，做“有广度”的党建

心怀“国之大者”，强化政治监督。加强对“一把手”的监督，加强对换届纪律风气监督。推进项目监察员试点工作和纪检干部下项目蹲点实践活动。严格选人用人标准和程序，全面加强党风廉政建设，开展廉洁文化建设。做好巡察整改“后半篇文章”，强化整改落实。落实巡察审计整改要求、制定整改措施、持续跟踪改进，全力做好违规挂靠专项巡察整改，并抓住关键领域深化日常监督。做到“真抓实干，马上就办”，强化执行力。党员干部勇挑重担敢管敢干，雷厉风行立马就干，脚踏实地真抓实干，发挥钉钉子精神，增强执行力，以强有力的督查督办强执行、促落实，打通“最后一公里”。落实“中央八项规定”，强化作风建设。持之以恒落实中央八项规定精神，强化监督检查，紧盯重点领域和关键环节，经常性地开展检查与警示教育。

陕西院以“六维党建双循环系统”党建品牌建设为基石，系统构建“大党建、强党建”体系，聚焦中心深耕细作、围绕大局赋能增效。近年来，陕西院经营绩效大幅攀升，连续五年新签合同额、营业收入、利润总额指标持续上扬，全面超额完成年度生产经营指标，企业规模绩效跃上新台阶。陕西院还相继获得中国能建文明单位、党建研究成果一等奖、企业文化课题特等奖等多项荣誉，同时企业涌现出了陕西省劳动模范、能建工匠、中电工程劳动模范、“西安好人”等一批先进个人，党建工作逐步成

为推动陕西院追赶超越的“红色引擎”。

执笔人

郝　莹　陕西院党群工作部主任政工师

马蓝波　陕西院党群工作部党建专责

刘　莹　陕西院党群工作部副主任

点评 陕西院党委打造的“六维党建双循环系统”，涵盖党建指导思想、规章制度建设、阵地建设、服务群众、活动载体、工作责任清单等多个方面，内容全面、措施具体、亮点频出。其中，“123”学习教育模式、“四化”体系建设、“三心”工程建设、“三型”战斗堡垒等主题实践活动，贴合实际、特点鲜明，展现了本企业结合实际、因地制宜的探索，有效助力企业生产经营发展，十分具有学习借鉴意义。

“党建 +”领跑　打通项目党建“脉络”

甘肃院党委

摘　要

项目党建是基层党建“最后一公里”的关键所在，也是项目的组织脉络。本文紧密围绕中国能源建设集团甘肃省电力设计院有限公司（以下简称“甘肃院”）项目党建开展情况，选取首个开发性建设项目——张掖甘州南滩30万千瓦光伏发电项目党支部作为典型案例，阐释甘肃院积极探索打造项目党建新引擎，创建项目“党建+”品牌，激发推进项目新活力，展现项目成果新气象的实施路径。“党建+”工作模式打通了项目“毛细血管”，将党建工作延伸至项目“神经末梢”，推动项目建设组织提质、队伍提纯、工作提效、品牌提亮。

张掖甘州南滩30万千瓦光伏发电项目由甘肃院参股投资、EPC总承包建设，是甘肃院首个投建营项目，也是张掖市“十四五”第一批风电光伏发电竞争性配置项目，更是截至项目建成时张掖市单体规模最大的集中式光伏发电项目。按照项目党组织“应建必建”的原则要求，甘肃院党委在成立项目部的同时，同步组建项目党支部。在项目整体建设推进、各方沟通协调及项目网格化管理等多个方面，党支部分工有责、齐抓共管，打造了一个既具有针对性又具示范效应的项目党支部，实现了对项目建设的全面引领和高效保障。

一、"党建+人才"，精选培育提素养

党支部坚持党建教育，思想先行，用"互联网+党建"信息化手段，通过书记领学、集中研讨、个人自学等方式在"三会一课"中扎实开展政治理论和专业技术学习。同时持续开展以"亮目标、亮进度、亮成果"为主要内容的"三亮"活动和以研讨交流为主要形式的技能比武等活动，让项目一线变课堂，着力培养一支讲政治、懂技术、善管理的高素质复合型人才队伍。

各参建方成员参观西路军纪念碑

二、"党建+生产"，攻坚克难创佳绩

党支部严格落实"三重一大"制度，对于涉及施工现场重大安全方案

评估落实、重大质量工序旁站监督、重大进度节点规划把控和项目进度款的申报审批进行集体讨论研究。同时探索实践党建与生产经营深度融合的举措，先后开展“联学联建·融通融合‘六个一’主题行动”、“加减乘除”工作法、“横道图”管理、制氢转氨知识竞赛、施工质量大比武、安全质量讲评会等活动，展现“党建+”新成果。党支部与甘肃院第八党支部、葛洲坝施工项目部临时党支部搭建起互利共赢、同心同向的沟通平台，坚持党建与业务目标同向、措施同定、工作同步，发挥项目党组织在服务开拓市场、提高效益等方面的作用，探索党建工作与项目推进协同机制，实现了纵向横向信息共享、资源共享和人才共享。

三、“党建+质量”，严控把关塑精品

党支部在建立之初就将项目质量管理纳入党建工作计划，注重对项目质量进行全过程、全工序把控。为提高工程质量和施工管理效率，优化现场安全保障，以党支部为主的项目部将施工工序和作业面进行整合，推出网格化管理手段。党支部联合葛洲坝项目部党支部设立“一区四员”管理制度，设立施工员、技术员、安全员和班组长，对具体的光伏阵列开展管理。同时“三员一长”由党员骨干提任，充分发挥党员的模范带头作用。

四、“党建+安全”，责任到人绝隐患

党支部结合安全生产专项整治行动，组织集中学习习近平总书记关于安全生产重要论述，由党支部书记讲“安全党课”，提升全员安全生产意识，增强“从根本上消除事故隐患”的思想自觉和行动自觉。严格落实施工现场领导带班制度，扎实开展安全生产大检查、“党员身边无事故”、安全生产月等活动，组织每名党员认领2—3个光伏阵列，对该光伏阵列负管理责任。在具体管理中发现共性问题、解决个性难题、防范偶发性风险，并将实际管理过程中的新方法、好经验推广出去，真正做到对施工过

程的全过程安全管理。

五、“党建+责任”，凝心聚力促发展

解决好职工“关键小事”，建立多功能、可移动式“暖心休息驿站”，配备茶水炉、微波炉等设施，发放防疫、防暑、防灾等物资，持续开展员工心理疏导，及时为一线送去组织的温暖，帮助施工人员解决工作中的实际困难，为工程项目的顺利实施保驾护航，彰显央企人文关怀。项目建设过程中，项目党支部落实“我为群众办实事”事项清单，构建线上线下相结合、横向纵向相交错的服务网格，依托工程项目推进，把“334”工程放在心上、把“六个一”行动做到实处。

项目党支部召开联学会议

六、“党建+廉洁”，赋能清廉护项目

党支部以开展“廉洁项目”建设为契机，深挖廉洁教育资源，以纪检干部“百天”下项目为抓手营造风清气正的环境。联合项目参建方组织参观中国工农红军西路军纪念馆，激励党员职工发扬知行合一，务实创新的

伟大革命精神。深入推进项目廉洁文化建设，强化对项目重点领域、重点部门、关键环节的监督，通过开展谈心谈话、设置意见箱等形式，确保项目部全员干净干事、干事干净，全力打造廉洁项目部。

七、“党建+文化”，扬优成势讲好故事

党支部坚持常做常新有思路，用心用情做宣传，重视打造主动发声“新高地”，不仅精心展示宣传栏、巨幅海报等信息窗口，守牢内部阵地，还在项目建设和投运期间，主动与外部权威媒体沟通交流，在新华网、人民网等国内多家权威媒体和甘肃省主流媒体上发布多部融媒体作品，引发广泛关注。组织参加中国能建“向新而行·瞰建”系列主题宣传获得集团“十佳好新闻作品”奖；组织“张掖南滩浮光 甘州‘氢’装上阵”媒体开放日，引发热烈反响，充分体现了甘肃院“能做事，会做事，敢做事”的态度和决心。党支部多次完成甘肃省政协和张掖市政府的调研观摩与项目推介工作，有效提升了企业品牌实力和影响力，做到扬优成势抓重点，唯实唯先展新篇。

甘州南滩30万千瓦光伏发电项目鸟瞰图

甘州南滩30万千瓦光伏发电项目是甘肃院首个投建营一体化项目，项目顺利并网投运标志着甘肃院成功抢抓“十四五”期间“碳达峰、碳中和”的良机，对实现高质量业务转型有着重要的借鉴指导意义。项目获得了张掖市委、市政府的“张掖市高质量发展重大项目突出贡献奖”。今后甘肃院将继续结合自身企业特点，重点推进一体化氢能、综合储能等关键领域的发展，大力践行中国能建《若干意见》、“1466”和“四新”能建战略，锚定“两商”、奋进“两创”，确保“党建+”引领高质量全面完成年度各项生产经营目标。

执笔人

邱福荣　甘肃院副总经济师、党群工作部主任

王　蓉　甘肃院党群工作部党建主管

评语 甘肃院党委以“党建+”为抓手，从人才培育、生产攻坚、质量把控到安全责任、廉洁建设、文化传播等方面全方位推动了党建与项目建设的深度融合，有效提升了项目管理和执行效能。张掖甘州南滩30万千瓦光伏发电项目党支部的生动实践，展示了“党建+”模式的独特魅力和强大力量。

阿尔金山上的“红色引擎”

新疆院线路党支部、勘测党支部

摘　要

中国能源建设集团新疆电力设计院有限公司（以下简称“新疆院”）线路党支部和勘测党支部在工程项目建设中选派政治过硬、业务优秀的党员成立突击队，为项目建设打造讲团结、敢担当、能战斗的党员队伍。两支部自成立以来，就以联学联建为载体，创新打造“银线舞天山”党建品牌，紧紧围绕“提升党建水平、推动高质量发展”两大核心任务，推动党建融入生产经营。两支部在执行若羌塔东—白干湖220千伏线路工程中再次携手联合成立党员突击队，不畏艰险、敢于担当，克服工期紧急和环境恶劣等困难，充分发挥“红色引擎”强大动力，为项目的顺利推进提供了坚实的保障。

根据新疆维吾尔自治区矿产开发规划，新疆巴音郭楞蒙古自治州若羌县白干湖周边矿产在“十四五”期间将进行大规模开发。为满足这一开发需求，若羌塔东—白干湖220千伏线路工程应运而生。工程地处新疆巴州南部阿尔金山区腹地，该区域尚未与主电网联网，自然环境恶劣，山势陡峭、气候严寒，且地处偏远，为无人区。该工程需深入阿尔金山腹地，克服沿线山区高海拔、低温、缺氧、交通不便、通信盲区等不利因素，外业难度巨大，工期紧张。根据新疆院党委统一安排，为进一步强化基层党组织和广大党员在生产经营管理各项工作中的战斗堡垒和先锋模范作用，带领员工团结一心、锐意进取，安全、优质完成若羌塔东—白干湖220千伏线路工程外业任务，新疆院线路党支部和勘测党支部密切协作，组建了一支党员精干队伍，向阿尔金山腹地进军！

一、以组织建设为突破口，筑牢“红色堡垒”

哪里有困难，哪里就有党组织。2023年4月初，新疆院召开若羌塔东—白干湖220千伏线路工程施工图（现场定位）工作启动会，会议现场弥漫着热烈而坚定的氛围。面对“条件极其恶劣”“存在一定危险性”的严峻现实，线勘工作组的成员们没有退缩，反而更加团结一致。一句句“我去！”“我是党员！”的响亮回应，彰显了他们勇于担当、冲锋在前的精神风貌。在这场对外业现场情况的深入剖析中，大家深知此次任务又将是一块“硬骨头”。

近年来，新疆院党委持续深化“党建+”配套措施，搭建党业融合平台，围绕业务工作中的重点、难点，以“岗区队组”、品牌党支部创建为载体，促进党建融入中心工作取得实效。在若羌塔东—白干湖220千伏线路工程组选定好方案并即将前往外业现场之际，新疆院党委在了解到项目具体情况后，迅速动员项目组所在党支部，强调要充分发挥党组织堡垒作用，打赢这场硬仗。线路党支部和勘测党支部立即响应，选派一支党员精干队伍成立了“若羌塔东—白干湖220千伏线路工程党员突击队”。

在授旗仪式上，新疆院党委书记、董事长高文龙做了动员讲话，他在强调安全事宜的同时，提出了殷切希望和要求，鼓励党员突击队在急难险重任务中冲锋在前、攻坚克难，做到“战之必胜”，以“踏石留印、抓铁有痕”的勇气决心，干工作、破难题、抓落实，以自身斗志和先锋模范作用影响和带动身边干部群众，坚决打赢项目建设攻坚战。突击队成员深受鼓舞，表示将勇挑重担，不折不扣完成党组织交给的任务。

党委书记为党员突击队授旗

二、以攻坚克难为落脚点，展现“红色担当”

若羌塔东—白干湖220千伏线路工程全长97千米，塔位分布在若羌河两岸，这里山势陡峭、壁立千仞、高耸入云，让人望而生畏；工程沿线地形地貌起伏变化较大，山谷狭窄，滑坡、泥石流、崩塌、危岩等地质灾害时有发生，极大地挑战了铁塔的精准定位工作。更为棘手的是，工程期间恰逢一条资源道路施工，山体爆破与滚石滑落导致唯一通行道路频繁受阻，车辆通行困难重重。面对接踵而至的种种困难，突击队队员主动亮身份、挑大梁、担重任，严把安全、质量、进度关。

科学应对、集思广益。提高一次定位成功率，能有效推进项目进度，也能降低安全风险，为此党员突击队组织项目组成员排查困难、分析原因、研究对策，制定了“发挥技术优势，确保定位成功率”的主策略，以及“分段推进，四组同步上山”的具体定位策略。在项目推进中，突击队队员利用各自专业背景和特长，采用无人机技术对线路进行高精度航拍，制作高精度数字高程模型（DEM）、数字正摄影像图（DOM），并通过三维建模技术获取了立体模型，以此为基础进行了立体选线工作。为了确保塔位选择的准确性和高效性，突击队对每一基杆塔、每一条塔腿都进行了现场模拟定位。在模拟的实景立体环境中，各专业的队员对塔位提出了专业建议，共同商讨并选择了最优的塔位位置。这一做法有效避免了现场实地选塔位时可能出现的费时费力情况，确保塔位成立后找到最佳路径，再进行登山实勘。经过扎实的统筹策划和良好的沟通执行，突击队队员通过实干加巧干，取得了塔位一次终勘90%的成功率，确保了本职工作高质量完成。

披荆斩棘、党员先行。尽管已经做了比较完善的应急预案，但面对具有潜在安全风险的工作任务，突击队队员总是冲在一线、勇挑重担。塔位分布在若羌河两岸，面对无桥可渡的困境，队员们毅然选择涉水而过。尽管融雪河水刺骨寒冷、水流汹涌，突击队队员电气主设人张严俊总是身先士卒，率先渡河铺设安全绳，确保队友安全，最后方才返回收绳。登山作业中，突击队队员结构主设人王超总是主动担当，上山走在第一个，下山走在最后一个。突击队队员主勘人孙松柏在连续攀登中磨破了脚，项目组

党员突击队各专业在现场进行三维选线工作

提出换人继续开展工作，他坚持要自己去，“昨天我爬了那个山头，换人会影响效率，我熟悉上山的路，我去也更安全，还是我继续上吧！”哪里有需要，哪里就有突击队队员的身影。在项目工期紧张、人力资源紧缺的情况下，突击队队员各自认领项目关键环节中难啃的骨头，冲锋在前。

由于工程沿线道路损毁严重，为确保外业工作如期完成，工程组灵活应变，采取自依吞布拉克镇迂回绕行方式，运用终端插入的方法进行线勘定位。工程组每天一大早出发，收工回到驻地抓紧召开例会、整理测量数据、商讨问题，常常忙到凌晨。面对繁重紧张的工作任务，党员突击队守土有责、守土尽责，成为外业项目组成员的可靠后盾。他们倾力提升队伍士气，高度关注后勤保障，每日检查相关药品及氧气情况，督促驾驶员做好车辆安全检查，确保意外情况下的紧急处理措施及时到位。

党员突击队现场工作照

三、以示范带动为坐标轴，树立“红色旗帜”

党旗引领风帆尽，党员争先显担当。在突击队党员的影响下，工程组其他成员工作积极性得到调动，有问题大家一起想办法，有困难争着去解决，工程组凝聚力大增。在堪称“疆内第一难”的线勘外业现场，工程组全体成员做到了项目质量和安全生产两手抓、两手硬，项目组安全、高质量地提前20天完成了全部264基塔位终勘定位工作，工程图纸按期交付国网巴州电力公司。建设方对新疆院此次能上下齐心、优质高效完成勘察设计任务给予了高度评价。

随后开展的多个线路工程外业工作，线勘党员同志们继续自觉发挥党员先锋模范作用，让党旗高高飘扬在生产一线，把力量凝聚在党旗下，团结带领工程组成员凝聚人心、汇聚人力，脚踏实地、排除万难，为工程建设务期必成奠定了坚实基础。工程组几位年轻同志更是在突击队队员影响下，在项目现场递交了入党申请书。

党员突击队现场合照

新疆院线路党支部和勘测党支部成立的党员突击队完美诠释了党员在一线“特别能吃苦、特别能战斗、特别能奉献”的精神品质，突击队队员的这种在急、难、险、重任务中冲锋在前的精神也激励着新疆院广大党员及职工群众奋发有为、开拓创新。2023年“中国能建新疆院塔东—白干湖220千伏线路工程党员突击队”被中电工程党委授予“优秀区岗队组”荣誉称号。突击队队员纷纷表示，在后续工作中将继续发扬干实事、挑大梁的优良作风，在一线生产中、在关键时刻发挥效能、迎难而上，安全、优质、高效地完成各项生产任务，时刻让党旗飘扬在工程一线。

执笔人

王振永　新疆院电网工程公司总经理助理兼变电室主任

点评 面对急难险重的生产任务，新疆院线路党支部、勘测党支部迅速响应，成立党员突击队。队员们冲锋在前，不分昼夜，以高度的责任感和使命感完成线路工程外业工作。他们的身影成了阿尔金山上最亮丽的风景线，用实际行动诠释了党员在关键时刻、关键任务上的先锋模范作用。

“三力”融合　锻造先锋旗帜

中电新能源公司规划与设计中心党支部土建党小组

摘　要

中国电力工程顾问集团新能源有限公司规划与设计中心党支部土建党小组（以下简称“中电新能源公司土建党小组”）充分发挥党建铸魂的“引领力”、党员先锋的“带动力”、创新驱动的“支撑力”，持续提升党建价值创造能力，有效激发党员队伍先锋模范作用，推动党建工作与生产工作深度融合，为公司奋力开创高质量发展新局面增添了活力与动力。

中电新能源公司土建党小组聚焦高质量发展首要任务，不断深化队伍建设、助力提质增效，组织党员干部发挥专业优势积极投身企业发展实践，不怕辛苦、不畏艰难，高质量绘制图纸、高效率服务现场施工，锻造了公司党员队伍的一面先锋旗帜。

一、发挥党建铸魂的“引领力”，筑牢信念强党性

中电新能源公司土建党小组坚持以习近平新时代中国特色社会主义思想为指导，通过不断强化理论武装、提升党性修养、加强专业实践，

筑牢了许党报国的理想信念。

以“学”筑牢党性信念。小组党员积极参与公司党委组织的党建群团活动和党支部组织开展的“三会一课”、主题党日活动。在开展主题教育过程中，小组党员认真学习贯彻习近平新时代中国特色社会主义思想，在专题组织生活会中积极分享学习交流，带头开展批评和自我批评。党小组创新开展主题党日活动，组织党员赴香山革命纪念地重温红色记忆、接受精神洗礼。党小组还深入开展党纪学习教育，加强对《中国共产党纪律处分条例》的学习贯彻，教育引导党员严守党的政治纪律和政治规矩，时刻牢记“红线”“底线”。

小组党员被授予“党员示范岗”荣誉证书

以“带”传递经验心得。党小组秉持“传帮带”的核心理念，致力于推动内部的知识传承、经验分享与技能提升，通过实行师徒结对制度，使新员工在较短时间内适应工作环境、掌握工作技能、提升业务水平，增强新员工的归属感和责任感。为了培养“一专多能”的复合型人才，党小组组织结构专业专家和建筑专业专家指导新入职员工在学透学精结构专业的同时，一并学习了建筑专业技能，使其同时具备结构和建筑两个专业绘图能力，充分激发了员工主观能动性，有效缓解了公司专业人员不足的困难。

以“讲”分享专业特色。以公司开展“能力提升大讲堂”为契机，小组党员策划举办“土木工程提升专场”，在总结积累自身经验的同时，也帮助公司员工提升对土木工程领域的理解。为了充分展现专业特色和便于让职工听众理解，小组党员三易其稿，最终确定从结构、总图、勘测三个角度，以“大而全”的方式，对专业概述、设计要素、个人思考三个方面进行分享，配合典型案例的分析，增进了不同专业间的沟通和配合，取得了良好效果。

二、发挥党员先锋的“带动力”，攻坚克难促生产

中电新能源公司土建党小组成员汇集了建筑、结构、总图、水工、暖通、线路六大专业，各专业在施工图阶段均处于项目“末端”，即接收资料最晚，却又出图最早。面对新能源项目普遍存在的前期手续烦琐、征租地协调耗时冗长、设计工期紧等问题，党小组团结带领各专业采用校审前置、并行交叉的方案，优化传统“设计—校核—审核”的设计流程，缩短设计周期，提升设计质效，逐渐形成了一支技术专业过硬、战斗力顽强的党员先锋队。

生产任务高质量“使命必达”。在呼和浩特“全国一体化算力网络”和林格尔数据中心集群绿色能源供给示范项目中，道路征地红线图上报的窗口期很短，为确保数据的精准无误，党员同志展现出高度的责任感与奉献精神，主动放弃国庆假期休息时间，全天候投入工作中。白天深入一线进行实地勘查，夜晚则加班加点整理内业资料，最终在规定期限内圆满完成了上报任务，为项目顺利推进奠定了坚实基础。在深能赤峰林西风电制氢合成氨一体化项目中，业主方为加速可研编制进程，特别提出在春节期间进行现场微观选址的需求。面对个人情感与职责使命的双重考验，党员同志再次主动请缨，将与家人团聚的宝贵时光让位于项目需求，顶住零下30℃的严寒挑战，高效协作，以卓越的专业能力和坚韧不拔的精神，高质量完成了所有机位的选址工作，抢出了项目进度，以实际行动诠释了党员的责任担当与先锋模范作用。近年来，小组党员甘于奉献、舍小

家顾大家，保质保量、按时高效完成青海鲁能乌图美仁700 MW光伏发电项目、蔚县光辰300 MW光伏项目、高台北部滩百万千瓦风电基地200 MW风电项目等60余项设计、咨询任务，展现了设计团队的专业素养和高效执行能力。

现场施工高效率“务期必成”。小组党员为公司承揽的EPC总承包项目提供及时优质的现场工代服务，最大程度上发挥公司现有设计人员的优势，助力EPC项目提质增效。在国华安康100 MW光伏EPC项目中，由于地块分散、地形复杂多变、沟壑陡坎等微地形众多，导致项目在组件布置、道路选线及基础施工方面的难度显著提升。在此背景下，小组党员骨干挺身而出，身兼设计总工程师与结构专业主要设计人两职，深入现场，与测量放线团队并肩工作，细致踏勘每一处微地形区域，精准核实组件布置与选位，凭借双重身份的优势，实现了设计与施工的紧密对接，不仅提升了施工效率，还有效降低了设计成本。党小组女党员、总图主要设计人巾帼不让须眉，与道路修筑人员一同奋战在现场一线，复核道路区域地形，优化场内道路路径，其工作态度和方式方法得到了业主和施工方的一致好评。在大家共同努力下，成功助力项目如期并网发电。

安康项目现场照片

三、发挥创新驱动的“支撑力”，科技助力新作为

小组党员在完成各项生产任务的同时，常态化进行思想碰撞、互相启发，勤于总结、提炼、优化形成更高效的施工方法、更优质的实施方案，在推动项目降本增效的同时，不断促进项目施工的优化与创新。党小组累计形成了一种适用于侵蚀性海滩的风机基础防侵蚀结构、一种预应力混凝土马鞍形壳板屋面光伏支架连接节点等七项实用新型专利，其中五项取得了授权，两项获得受理。

集思广益创新基础型式。山地光伏项目地势多陡峭、岩石外露，虽然地基承载力强，但存在施工难度大、材料运输效率低的问题，因此山地光伏项目往往面临项目支架基础桩成孔困难、成本高、工期长等挑战。对此，小组党员团队深入剖析现状，巧妙融合微孔灌注桩基础与边坡治理中锚杆技术的精髓，创新性地提出了一种新的光伏支架基础型式——自钻式中空锚杆桩基础。该种型式针对山地陡坡区域光伏支架基础进行改进、优化调整，基础不需要单独成孔，同时，锚杆既是基础一部分又是钻头、钻杆，可通过中空杆体对锚杆进行压力注浆，达到固结破碎岩体、土体，以及隔断地下水及杆体防腐的目的，迅速形成支护力。施工锚杆的电钻机械

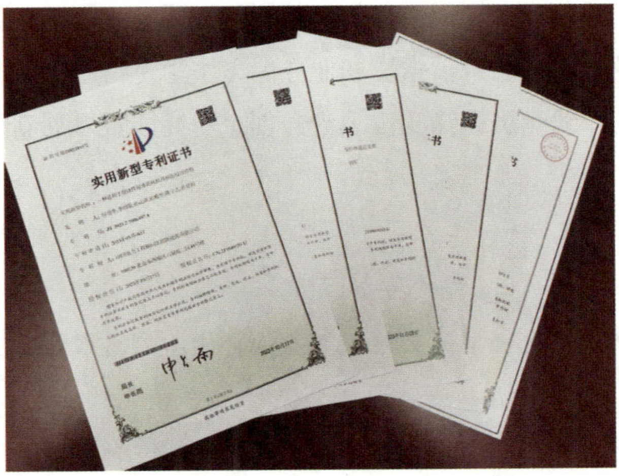

党小组获得的实用新型专利证书

小巧轻便，可单人操作，安全高效。该实用专利已取得受理通知，并已应用于实际工程进行试点，取得较好效果。

众志成城改良围护结构。江苏华电滨海121 MW风电项目部分风机位于侵蚀性海滩中，风机基础附近没有泥沙补给，海滩平面每年持续下降。为了寻找一种既经济又能确保风机安全的防侵蚀围护结构，小组党员踏勘了附近海域所有海堤消浪、防护结构形式，并多次请教海工专业专家，结合风机基础特点，经过反复研究提出了一种侵蚀性海滩的风机基础防侵蚀结构，并取得了实用新型专利。该围护结构针对沿海滩涂区域复杂多变的自然环境，采用“先消浪、后护滩、再护坡面”的设计思路，运用三道防线进行防护。经过近7年的实践检验，该防侵蚀结构经受住了台风的多次严峻考验，结构整体完好，有效阻挡了海浪对风机基础的不利冲刷和侵蚀，为侵蚀性海滩中的风机安全稳定运行提供了强有力的保障，节约工程成本近千万元。

中电新能源公司土建党小组以党建融合促生产为导向，以精益求精创价值为目标，实现了党建铸魂“引领力”、党员先锋“带动力”、创新驱动“支撑力”的“三力”融合，锻造了党员队伍的一面先锋旗帜，党小组所在土建室荣获2022—2023年度中电工程“青年文明号”称号。后续，土建党小组将继续落实公司党委的决策部署，紧跟党支部的工作步伐，不断提升党小组党员的思想政治素质和业务能力水平，持续打造有能力、有情怀、有担当的一线党员先锋队伍，为开创企业高质量发展新局面贡献新的力量。

执笔人

付亮华　中电新能源公司规划与设计中心副总经理、党支部副书记

评语 中电新能源公司土建党小组以“三力”融合为核心，通过党建铸魂引领、党员先锋带动、创新驱动支撑，团结带领各专业团队攻坚克难，有效解决了实际工程中的难题，实现党建工作与生产经营的深度融合，锻造了党员队伍的一面先锋旗帜。

后 记

为坚持和加强党的全面领导，强化政治引领，提升基层党建工作能力，在中国能建党委的指导下，中电工程党委组织力量编写了《融合·创效——中国电力工程顾问集团有限公司基层党组织优秀案例集》。此次编写，共征集案例54篇，经初选、再选、修改、研讨、再改、评审后，最终确定具有实效性、创新性，可借鉴、可参考的28篇案例收录书中，为基层党组织提供借鉴参考。

本书的编写工作，得到了中电工程党委领导的关心指导，得到了中国能建党群工作部、本部有关部门以及所属企业党委的大力支持。编辑组成员承担了大量工作，付出了辛勤的努力。在此表示衷心的感谢！

在编发案例集的基础上，我们将强化党建引领，持续融合创效，牢牢把握高质量发展首要任务，继续总结提炼、宣传推广基层党组织优秀做法和经验，助力构建中电工程“一流党建”工作体系，持续提高党的建设质量，激发改革动力，在高质量建设世界一流企业的新征程中作出积极贡献。

2025 年 4 月